CHAMPCONTRECHAMP ESSAIS

La désillusion créatrice

www.metispresses.ch
information@metispresses.ch

ISBN : 978-2-9409406-85-2

Publié avec le concours du Centre national du Livre
Les éditions MētisPresses bénéficient du soutien de la Ville de Genève

Guillaume Carron

LA DÉSILLUSION CRÉATRICE

Merleau-Ponty et l'expérience du réel

MetisPresses

Introduction

On peut s'étonner, aujourd'hui, de voir à quel point auteurs, écrivains, journalistes ou philosophes tiennent à souligner l'inscription de la philosophie dans l'expérience quotidienne. Dans l'édition, on ne compte plus les ouvrages parus qui tentent d'illustrer les problématiques philosophiques traditionnelles à partir de nos pratiques les plus courantes. La presse, également, se fait le relais de cet enthousiasme pour une philosophie du quotidien. Deux journaux français[1] consacraient récemment un article à la philosophe américaine Avital Ronell et mettaient en valeur sa capacité à relier la philosophie aux objets les plus courants de la vie: le téléphone, la télévision, la pharmacie... Ce qu'elle appelle de manière générale les «philosophèmes de la rue». Un autre quotidien[2], auquel Jean-Luc Marion a accordé un entretien après son élection à l'Académie française, insistait pour sa part sur la capacité du philosophe français à se passionner à la fois pour la pensée et pour le sport, à pouvoir parler aussi bien de Levinas que du championnat américain de base-ball. Ainsi est-il important de souligner que la pratique de la philosophie n'est pas contraire à une inscription dans la «banalité» du réel.

On comprend, néanmoins, le présupposé implicite d'un tel enthousiasme: s'il est à ce point nécessaire de souligner le lien du réel et de la philosophie, c'est que ce lien ne constitue toujours pas une évidence. L'enthousiasme philosophique précédemment décrit a d'ailleurs son

1 *Le Monde* du 5 juin 2009 et *Libération* du 25 mai 2009.
2 *Le Figaro* du 30 octobre 2008.

pendant immédiat: il existe une autre opinion, tout aussi présente et répandue, selon laquelle la philosophie reste un propos abstrait et inutile, loin des réalités vécues de nos sociétés contemporaines. Lorsqu'on sort du cadre universitaire, les railleries liées à l'obscurité des débats philosophiques sont très courantes, y compris chez certains intellectuels. Le sens commun a parfois du mal à comprendre le rapport entre la complexité technique du discours conceptuel, dont il ne ressent pas la nécessité, et l'expérience quotidienne du réel. On croit que la philosophie reste l'apanage d'une élite et qu'elle fonctionne en vase clos, se perpétuant elle-même sans se confronter aux aspects concrets de la réalité. Elle est alors perçue comme un discours un peu fascinant, mais détaché du réel et sans influence sur lui.

Partout et nulle part, coupée du réel ou au contraire diluée en lui, la philosophie serait à la fois omniprésente et sans conséquence. Bien qu'il existe en ce moment une certaine « mode philosophique », comme en témoignent la sur-médiatisation de quelques intellectuels et l'importance de la littérature de vulgarisation, la pensée philosophique ne se détache pas, d'un autre côté, de son image universitaire et élitiste. Nous aurions le choix entre une philosophie édulcorée, dépossédée de ses difficultés et de son étonnement pour satisfaire un désir consumériste de compréhension immédiate ; et une philosophie technique, savante, attentive au détail des textes et à leur histoire, mais tellement « sophistiquée » qu'elle perdrait pied avec le réel. Mais finalement, l'affirmation et la négation dogmatiques du lien entre le réel et la philosophie ne sont-elles pas les deux faces d'un même constat ? Celui selon lequel la philosophie a perdu sa spécificité et ne parvient plus à définir la singularité de sa perspective sur le réel. On insiste autant aujourd'hui sur la valeur irremplaçable de la pensée philosophique que sur sa stérilité. Ce double discours de la modernité à l'égard de la philosophie invite celle-ci à questionner son lien avec le réel. Tout porte à croire que ce lien a perdu sa consistance.

On conçoit qu'une telle affirmation puisse paraître provocatrice ; quelle autre énigme que celle du réel la philosophie pourrait-elle poursuivre ? Le réel n'est-il pas précisément le problème de toute l'histoire de l'ontologie ? Un fait reste néanmoins marquant: alors que le mot « réel » existe depuis le 13e siècle, dans une signification proche de la nôtre, il n'est presque jamais employé sous sa forme substantivée dans les textes philosophiques. Jusqu'à la fin du 19e siècle, seul Pascal parle « du réel » dans les *Pensées*, et encore, sans interroger la signification du terme. Il faut attendre le 18e siècle pour que le signifiant apparaisse avec une valeur conceptuelle encore floue dans quelques textes naturalistes de Buffon. Un siècle plus tard, alors qu'un poème de Lamartine vient souligner l'étroitesse du réel par rapport à l'immensité du possible, aucune réflexion philosophique ne se penche encore vraiment sur le terme. Ce n'est que dans la traduction française des textes de Hegel consacrés à la dimension rationnelle du réel qu'on aperçoit enfin le substantif avec une valeur conceptuelle assez forte. Comment expliquer que ce mot aussi ancien soit aussi absent de l'histoire de la pensée? Est-il possible d'accorder un sens philosophique à cette remarque linguistique sur l'usage d'un signifiant?

On pourrait être tenté d'affirmer que l'absence du substantif «réel» dans l'histoire de la pensée n'est pas significative. Quel que soit le terme utilisé par la métaphysique, que l'on parle de la substance, de l'essence, de l'être, de la nature ou de la réalité, le réel aurait toujours été un problème philosophique fondamental. On pourrait aussi rappeler l'importance du concept de «réalité» dans la philosophie classique: pensons aux réalités formelle et objective de la représentation chez Descartes, ou bien encore à la catégorie kantienne de la «réalité». Au fond, il s'agirait seulement d'une question de mots, non de concepts. Nous ne nions pas l'influence de l'ontologie traditionnelle sur la question du réel, une influence qu'il nous faudra éclaircir. Mais n'est-il pas trop rapide d'affirmer que le choix des mots n'a pas d'importance? Si la valeur d'un «concept» réside justement dans la pertinence de la relation entre le mot employé et le signifié qu'il désigne, n'est-il pas singulier que l'histoire de la philosophie recule devant l'usage du terme «réel» sous forme substantivée? Si on laisse à la philosophie son exigence et sa rigueur, est-il encore possible d'affirmer que l'absence du signifiant «réel» est contingente et qu'il s'agit seulement d'une question de mots?

Cette question se pose d'autant plus que, comme une sorte de retour du refoulé, le réel prend une place prépondérante dans les différents domaines de la création et du savoir au début du 20e siècle. La sémiologie, la psychanalyse, le surréalisme, la physique quantique mettent au premier plan le signifiant «réel», non plus seulement comme adjectif, mais bien comme nom. La philosophie manquerait de rigueur si elle ne cherchait pas à comprendre une telle nouveauté. Et celle-ci ne peut être comprise si nous continuons d'envisager l'apparition de ce signifiant comme la seule reproduction, sous un autre nom, d'un débat engagé depuis longtemps. L'apparition du «réel» a donc bien un sens: elle constitue le symptôme d'un bouleversement du discours philosophique qu'il nous faut comprendre.

Revenons alors aux premiers moments de son apparition. Sans doute n'est-ce pas un hasard si le réel est d'abord aperçu dans la pensée hégélienne. Le signifiant «réel» est en effet utilisé dans la version française des textes de Hegel avec une valeur conceptuelle forte; mais aussi avec une grande ambiguïté, puisque le réel constitue à la fois le support objectif de la pensée et cette pensée même. Pourtant désigné comme l'«autre» du concept, il est aussi ce qui surgit dans le concept. Dès lors, rendre compte du réel en tant que tel devient très problématique. Comment saisir par le concept du discours philosophique le réel comme concept, c'est-à-dire comme union du logique et du réel? Comment le concept pourrait-il se décrire lui-même? Et comment pourrait-on l'expliciter par un autre concept sans le transformer ou le trahir? L'affirmation de la rationalité du réel chez Hegel s'accompagne de l'impossibilité d'expliquer cette rationalité. Le rationnel est réel et le réel est rationnel; certes. Mais on ne peut en dire davantage. Pour être, le réel doit être pensé. Mais pour qu'*il y ait* un réel à penser, sa pensée doit être impossible. La résistance du réel au discours conceptuel est le moteur de la dialectique hégélienne mais aussi l'une de ses difficultés les plus importantes; peut-être même la difficulté fondamentale de l'hégélianisme si l'on suit Bernard Bourgeois[3] sur ce point. Le réel surgit donc dans la philosophie comme une dimension intrinsèquement liée à la rationalité du concept et en même temps comme ce qui lui résiste inéluctablement.

3 Ce problème de la philosophie hégélienne a été souligné par plusieurs commentateurs de Hegel. Il constitue même le problème fondamental du hégélianisme aux yeux de Bernard Bourgeois: «La philosophie de Hegel se présente bien comme une philosophie du *concept*, unité de lui-même et de son Autre, et c'est pourquoi la Logique, genèse du sens de l'être comme concept, est, dans le hégélianisme, la science fondatrice de toutes les sciences philosophiques. Le Logique, qui en sa vérité est le concept, est le fondement du réel. Ou plutôt, il faudrait dire, puisque le fondement est une détermination abstraite de l'essence, qui se révèle être en sa vérité le concept, que le Logique n'est le fondement du réel que pour autant que ce fondement est en lui-même le concept. Mais précisément, cette tentation d'expliciter la catégorie concrète (rationnelle) de concept par la catégorie abstraite (relevant de l'entendement) de fondement, que nous avons aperçue chez Hegel lorsqu'il parle *essentiellement* du *concept*, exprime peut-être la difficulté, sinon l'impossibilité, de saisir *comme concept* le rapport du logique et du réel, de la pensée et de l'être. Nous touchons ici, sans vouloir le développer dans la présente introduction, à un problème majeur – *le* problème peut-être – posé par le hégélianisme.» Dans: HEGEL, Georg W. F., *Encyclopédie des sciences philosophiques, la science de la logique*, t. I, texte intégral traduit, annoté et présenté par Bernard Bourgeois, Paris, Vrin, 1970, p. 109.

Le problème est que notre héritage de la pensée hégélienne a le plus souvent perpétué le dogme de la rationalité du réel en le détachant des ambiguïtés intrinsèques à l'œuvre du philosophe allemand. La raison tracerait un chemin sûr vers le réel et serait même peut-être le seul. Notre croyance effrénée en la technique ne serait-elle pas d'ailleurs le reflet de cette foi en la rationalité du réel ? Toujours est-il que notre confiance en la raison a depuis enfermé toute approche du réel dans le champ conceptuel des philosophies de la représentation : le réel serait un « donné » dont la rencontre « causerait » une représentation dans la « conscience » ; il surgirait sous la forme d'une intuition ou d'une « évidence » garantissant « l'unité » et l'universalité de nos savoirs et de la vérité. Nous supposons tellement le réel prédestiné à nos artifices que les termes par lesquels nous le définissons sont le reflet immédiat des nécessités de la raison. Comme faculté de représentation, celle-ci a besoin d'un donné à représenter, d'une évidence à partir de laquelle se mettre en œuvre, d'un principe de liaison que la recherche des causes et des effets incarne, et enfin d'une unité absolue du savoir et du monde pour garantir son universalité. L'aspect problématique de la notion de réel s'est ainsi dissipé. Le dogme de l'identité du réel et de la rationalité a évincé l'autre pan essentiel de l'ambiguïté : celui de la résistance du réel au concept.

On comprend alors peut-être mieux le refoulement du signifiant « réel » par l'histoire de la pensée. Est-il encore possible de parler de philosophie si la pensée conceptuelle est ainsi tenue en échec ? La résistance du réel au concept met en question la pertinence du discours philosophique traditionnel et, donc, son identité même. De nombreuses questions s'ouvrent : la philosophie doit-elle changer de style ? De méthode ? De références ? Quelle conséquence l'introduction du signifiant « réel » dans le discours philosophique peut-elle avoir ? De telles interrogations pourraient paraître vertigineuses si elles ne trouvaient pas un terrain préalable sur lequel s'exercer. Mais elles peuvent aussi constituer un guide pour la curiosité, conduire la recherche vers certains auteurs qui, tout en appartenant au champ philosophique, ont toutefois tenté de s'en démarquer par leur style et leurs références. Ce sont elles, en tout cas, qui nous ont amené à Merleau-Ponty et qui nous ont permis de découvrir la très grande originalité de ce penseur.

L'enjeu de ce livre consiste à montrer que la pensée de Merleau-Ponty fait exception dans l'histoire de la philosophie parce qu'elle tente d'assumer pleinement les conséquences du bouleversement méthodologique instauré par la résistance du réel. Selon Merleau-Ponty, la prise de conscience des limites de la raison dans la conceptualisation du réel témoigne d'une crise de la philosophie traditionnelle. Mais cette crise constitue également l'occasion d'une pensée nouvelle, à condition que la philosophie sache se redéfinir à partir des formes non philosophiques où elle transparaît désormais : la psychanalyse, l'art, la science ou la littérature. À travers ces formes non philosophiques, la philosophie devrait essayer de retrouver sa propre singularité pour devenir « une philosophie concrète ». C'est-à-dire – tout au moins est-ce la conclusion à laquelle nous souhaiterions parvenir ici – une philosophie qui s'applique, chaque instant, à garder le contact avec l'expérience du réel.

Ce parti pris initial confère à Merleau-Ponty une situation quelque peu marginale au sein de la philosophie. Le style du philosophe français a souvent dérouté par son apparent manque de rigueur[4]. On l'a même parfois qualifié, péjorativement, de style non philosophique car trop proche de la métaphore. On peut certes se demander si de telles critiques ne révèlent pas, en fait, les résistances inhérentes à toute apparition d'un discours nouveau. Mais il faut reconnaître que les œuvres de Merleau-Ponty ne s'articulent pas selon les exigences habituelles du propos dit « philosophique ». Très souvent, elles mettent sur le même plan un certain nombre de concepts que l'histoire de la philosophie s'est pourtant attachée à distinguer soigneusement. La *Phénoménologie de la perception* paraît assimiler les termes « réel », « vérité », « être » ou « monde »[5] ; le début du texte de *Signes* intitulé « Le langage indirect et les voix du silence » ne différencie pas vraiment les notions de « langage », de « langue » et de « parole », comme l'exigerait pourtant la référence explicite à Saussure ; on pourrait citer, à ce sujet, de multiples exemples. Par ailleurs, certaines notions, manifestement fondamentales dans la pensée de l'auteur, ne possèdent pas de déterminations figées : l'ouvrage de 1945 ne caractérise pas vraiment la perception ; il l'assimile parfois à la vision seule, parfois à d'autres sensations corporelles, d'autres fois à l'expérience ; le terme d'expression, également, est très succinctement défini alors qu'il est au cœur de la réflexion. Enfin, le parti pris qui consiste à chercher la philosophie où elle ne se trouve pas explicitement, c'est-à-dire dans la littérature, l'art, la linguistique, la psychologie ou la science suscite aussi parfois la méfiance.

4 Certains linguistes, par exemple, ont considéré que les travaux de Merleau-Ponty sur le langage avaient peu de valeur dans la mesure où le philosophe ne respectait pas la précision terminologique de la linguistique. Voir par exemple : MARTIN, Pierre, revue *Philosophiques*, vol. 3, nº 2, 1976, p. 255-278.

5 Voir par exemple : MERLEAU-PONTY, Maurice, *Phénoménologie de la perception*, Paris, Gallimard, 1945, p. XI.

Pourquoi Merleau-Ponty mêle-t-il à la pensée conceptuelle des références volontairement non philosophiques ? Il faut bien reconnaître qu'il est en marge du discours philosophique habituel. Tout semble traduire chez lui une méfiance vis-à-vis du concept.

En effet, Merleau-Ponty situe plutôt son propos au niveau de la défaillance du concept, au moment où celui-ci révèle sa limite et laisse, à côté de lui, un résidu indéterminé. Dès *La structure du comportement*, le philosophe français est en quête d'une méthode permettant de souligner la résistance du réel à nos processus intellectuels : il faut réintégrer le « phénomène du réel » à la pensée afin de ne pas réduire le contenu de l'expérience à un simple « objet kantien » devant la conscience, écrit-il dans la conclusion de l'ouvrage[6]. Certes, la mise en place de ce discours à la limite du concept n'est pas aisée. La *Phénoménologie de la perception*, tout en explorant les failles conceptuelles des grandes traditions philosophiques de l'empirisme et de l'intellectualisme, reste en partie prisonnière des caractéristiques du discours conceptuel. Merleau-Ponty est tenté par une définition positive et originelle du réel qui l'amène au concept de « plénitude insurpassable »[7]. Mais sa pensée évolue. Le concept de « réel » fait place à une approche structurale de la « dimension » du réel et à un discours cherchant non plus le sens dans le concept mais dans le rapport des notions entre elles. Merleau-Ponty se situe ainsi à l'intersection de plusieurs théories, à leur frontière. On pourrait voir dans cette méthode un manque d'engagement, peut-être même une forme de relativisme. On pourrait critiquer la démarche de la *Phénoménologie de la perception* qui consiste à souligner les limites du réalisme et de l'idéalisme sans définir positivement la voie dessinée dans cet entre-deux. Nous pensons au contraire que la déviance du philosophe français par rapport au discours conceptuel témoigne non seulement de l'originalité de sa pensée, mais aussi, et surtout, de sa *valeur*. Son approche à la limite du concept est précisément ce qui permet d'ouvrir son discours au réel.

6 Merleau-ponty, Maurice, *La structure du comportement*, Paris, PUF, 1942, p. 241. Suite à l'examen de la philosophie critique dans *La structure du comportement*, Merleau-Ponty montre que cette philosophie aboutit à une théorie intellectualiste de la perception et que l'objet de l'expérience qu'elle définit est en réalité le seul reflet de la conscience transcendantale. Cet objet ne donne donc à la conscience rien d'autre qu'elle-même, la dimension d'altérité propre au réel étant perdue. Lorsque Merleau-Ponty parle de l'objet kantien dans la conclusion de l'ouvrage, il désigne donc par là l'objet purement intellectuel et idéal construit par le sujet transcendantal kantien.

7 Merleau-Ponty, *Phénoménologie de la perception*, *op. cit.*, p. 373.

Prêter un tel rôle à la philosophie de Merleau-Ponty serait néanmoins injustifié si la notion de réel n'intervenait pas comme une problématique explicite de son discours. À ce sujet, remarquons d'abord que le mot «réel» est assez présent dans ses textes. Bien que l'usage du terme reste encore assez rare dans *La structure du comportement* le mot est employé dans la conclusion de l'ouvrage, à un moment charnière de la réflexion[8]. Il acquiert une place vraiment importante dans la pensée de Merleau-Ponty à partir de la *Phénoménologie de la perception*. Plusieurs fois employé dans l'avant-propos, il réapparaît également au cours de l'ouvrage à travers des définitions lourdes de sens: le réel est assimilé à un «tissu solide»[9], une métaphore dont on a supposé qu'elle annonçait les derniers développements sur le tissu charnel de la vision; il est aussi compris comme une «plénitude insurpassable», définition que l'on retrouve dans l'essai consacré à Cézanne écrit à la même période[10]. Par la suite, le terme apparaît à de nombreuses reprises dans les cours donnés à la Sorbonne et au Collège de France ainsi que dans *Le visible et l'invisible* et dans *L'œil et l'esprit*. On constate toutefois une différence notable: le réel n'est plus jamais évoqué indépendamment de son rapport avec la dimension de l'imaginaire. Ce changement d'usage est évidemment au cœur de notre travail. Mais pour l'instant, notons simplement que la lettre des textes de Merleau-Ponty légitime de se pencher sur l'emploi du mot «réel».

Ce premier constat serait insuffisant si le terme «réel» n'apparaissait pas à des moments fondamentaux de la pensée de Merleau-Ponty. L'un des enjeux principaux de *La structure du comportement* consiste à valider la critique du réalisme par la philosophie transcendantale dans l'étude des comportements. Mais Merleau-Ponty n'adopte pas le point de vue de la «conscience transcendantale» sans le nuancer ni l'interroger. Dès l'introduction de l'ouvrage de 1942, l'auteur se demande s'il n'y a «rien de fondé dans le naturalisme de la science, rien qui "compris" et transposé, doive trouver place dans une philosophie transcendantale»[11]. Or la conclusion répond trait pour trait à cette interrogation initiale: «il faudrait redéfinir la philosophie transcendantale de manière à y intégrer jusqu'au phénomène du réel»[12]. Ce serait donc autour de la notion de réel que se jouerait la critique merleau-pontienne de l'idéalisme. La *Phénoménologie*

8 Merleau-Ponty, *La structure du comportement, op. cit.*, p. 241.
9 Merleau-Ponty, *Phénoménologie de la perception, op. cit.*, p. V.
10 Merleau-Ponty, Maurice, *Sens et Non-sens*, Paris, Nagel, 1966, p. 26.
11 Merleau-Ponty, *La structure du comportement, op. cit.*, p. 2.
12 *Ibid.*, p. 241.

de la perception le confirme. L'avant-propos de l'ouvrage de 1945 a explicitement pour but de clarifier les positions de Merleau-Ponty par rapport à la phénoménologie husserlienne et à l'idéalisme transcendantal qui la caractérise. De nouveau, le terme «réel» apparaît à des moments-clés de la réflexion. Contre le processus de «constitution» propre à la philosophie husserlienne, Merleau-Ponty affirme la nécessité d'une «description du réel»[13]. Afin de retrouver le moment irréfléchi de l'expérience fondant l'ensemble des catégories de la réflexion, l'auteur français invite à rejeter les distinctions de «la pensée critique» et de l'idéalisme au profit de «l'explicitation de notre savoir primordial du réel»[14]. Enfin, la critique de la «réduction» et de la «méthode eidétique» husserlienne est faite au nom d'un «positivisme phénoménologique qui fonde le possible sur le réel»[15]. Autour de la notion de réel se joue donc la position de Merleau-Ponty par rapport à son héritage husserlien.

Un autre aspect de cet héritage se traduit dans la relation de Merleau-Ponty avec Sartre. Or, là encore, la question du réel est centrale. Lorsque, à partir du début des années 1950, les travaux de Merleau-Ponty tentent de trouver la voie d'une pensée reliant le réel et l'imaginaire, un débat de plusieurs années s'engage avec Sartre sur la distinction des deux dimensions. Les cours de la Sorbonne remettent en question la radicalité de la distinction sartrienne du réel et de l'imaginaire[16]; ceux du Collège de France consacrés à la «passivité» montrent également la proximité et la relation symbolique des deux dimensions[17]. Le rapport de la pensée de Merleau-Ponty avec celle de Sartre tourne lui aussi autour du terme «réel». En somme, ce dernier est au centre du débat de Merleau-Ponty avec la phénoménologie en général.

Mais reconstituer l'évolution de la notion de réel dans l'œuvre du philosophe français ne revient pas seulement à apporter une perspective de lecture sur l'auteur. À travers l'histoire de sa pensée se révèlent la plupart des problématiques fondamentales qu'implique la notion de réel: accepter le réel est-ce adopter une pensée réaliste? Le réel est-il un donné matériel, idéel ou psychique? Peut-on l'assimiler au monde

13 MERLEAU-PONTY, *Phénoménologie de la perception, op. cit.*, p. IV.

14 *Ibid.*, p. XI.

15 *Ibid.*, p. XII.

16 MERLEAU-PONTY, Maurice, *Psychologie et pédagogie de l'enfant, Cours de Sorbonne 1949-1952*, Paris, Verdier, 2001, p. 230.

17 MERLEAU-PONTY, Maurice, *L'institution. La passivité. Notes de cours au Collège de France (1954-1955)*, Paris, Belin, 2003, p. 200.

ou à la nature ? Comment le différencier de l'imaginaire ? Quel est son rapport au langage ? Est-il identique à ce que la tradition philosophique appelle l'« être » ? Peut-il faire l'objet d'une ontologie ? Plus encore : nous croyons que Merleau-Ponty affronte le problème de la résistance du réel au concept et tente d'en assumer les conséquences aux niveaux critique, éthique et philosophique.

L'un des apports majeurs à la question du réel réside d'abord dans la critique merleau-pontienne du champ conceptuel traditionnel par lequel nous définissons l'expérience du réel : donné, évidence, causalité, unité, conscience, représentation. Que l'on parle du réalisme ou de l'idéalisme, toute théorie philosophique inscrit sa réflexion dans ce champ et ne varie qu'en fonction de l'importance plus ou moins grande qu'elle accorde à l'un de ces termes. C'est d'ailleurs pourquoi Merleau-Ponty finit par réunir ces philosophies sous une seule et même bannière : celle de la « pensée objective » et du dualisme. Nous nous intéresserons d'abord à la critique merleau-pontienne du réalisme. Lorsque Merleau-Ponty parle de réalisme, il vise le réalisme épistémologique, lié à la tradition empiriste, et qui touche en particulier la psychologie de son temps. Il utilise d'ailleurs les dualités réalisme/intellectualisme et empirisme/idéalisme de manière manifestement similaire. Certes le réalisme recouvre des théories très diverses. On distingue un réalisme mentaliste ou spiritualiste et un réalisme matérialiste ; on parle aussi de réalisme psychique. Chacune de ces distinctions pourrait à son tour donner lieu à des déclinaisons multiples. Cela dit, Merleau-Ponty montre que toutes les formes de réalisme reviennent à constituer l'expérience à partir du face à face de la conscience et d'un « objet » donné. Que l'on place ce donné dans un élément matériel premier, dans une forme psychique innée ou dans la présence de stimuli, le principe du raisonnement réaliste est toujours le même. Il s'agit de recomposer la représentation consciente du réel à partir de l'élément donné. On suppose une objectivité absolue de ce dernier et l'on oublie qu'il ne peut se révéler qu'à travers une dimension marquée par la subjectivité. Le réalisme de la psychologie réflexe de Pavlov « oublie » ainsi qu'un stimulus n'est pas un élément en soi, mais une sensation où les déterminations liées à la singularité de l'organisme impliqué sont aussi présentes.

Pour Merleau-Ponty est première, non pas la chose, mais la perception de la chose, autrement dit une dimension où le surgissement du réel est indissociable de son expression à travers la singularité d'un corps. L'expérience n'est pas une relation entre un sujet et une altérité donnés, mais un moment où ils surgissent de concert, presque indistinctement, dans un «sentir» qui brouille leur différence même s'il ne l'abolit pas. En oubliant l'implication nécessaire du sujet dans l'expérience, autrement dit en ne voyant pas que derrière tout «donné» se cache aussi une certaine construction subjective, le réalisme prête au réel ses propres présupposés. Plus ces derniers sont niés, plus nos illusions subjectives conservent sur nous leur pouvoir. Le réalisme philosophique, forme la plus accomplie de ce que Merleau-Ponty appelle la «pensée objective», est en fait un subjectivisme.

On pourrait alors supposer que l'intellectualisme ne succombe pas à la pensée objective, puisqu'il prône la nécessité de l'implication subjective dans l'expérience du réel. Là encore, le terme «intellectualisme» doit être précisé. Notion vague, qui recouvre un vaste champ de la philosophie, l'intellectualisme désigne les pensées de Descartes, Kant et Husserl ainsi que l'ensemble des systèmes construits à partir de l'une de ces trois influences. Mais Merleau-Ponty cible à nouveau une attitude philosophique et non des contextes conceptuels précis. La révolution du *cogito* a mis en valeur l'importance de l'activité de la conscience dans la découverte du réel. Prolongée à travers la théorie kantienne, cette activité est devenue structurante et déterminante pour la nature de l'expérience, alors comprise comme «phénomène». On ne considère plus que l'expérience du réel est à construire à partir d'un donné empirique, mais qu'il faut comprendre le rôle de la conscience et son influence pour démasquer le réel. On suppose un sujet capable d'observer sa propre relation au réel comme s'il n'était plus impliqué en elle au moment où il la pense. L'idée de la conscience transcendantale présuppose que l'expérience est une relation objectivement observable par une conscience non située; comme si, finalement, la pensée de l'expérience n'était pas elle-même une expérience. Mais qui est ce sujet sans situation et sans implication dans le réel? En quoi une subjectivité qui observe les présupposés de son expérience spontanée ne serait-elle plus victime des mêmes présupposés au moment même de cette observation? On retrouve ici une autre forme de pensée objective dénoncée par Merleau-Ponty. La philosophie transcendantale pose l'existence d'un point de vue à partir duquel l'expérience du réel pourrait être observée comme un donné objectif, un donné absolument autre que le sujet. Mais le donné n'est pas neutre; sa définition est déjà empreinte des présupposés du sujet qui le pense.

La critique de la pensée objective vise donc toute forme de pensée qui se fonde sur le dualisme de la conscience et de l'objet. En posant deux entités distinctes pour reconstituer l'expérience, la pensée dualiste finit par oublier que le «donné» reflète les présupposés nécessaires à la cohérence d'un système philosophique. Un tel oubli crée la confusion; on finit par ne plus différencier le réel de nos nécessités subjectives. On multiplie ainsi, dans la réflexion philosophique, les éléments «donnés» et censés garantir le lien du sujet avec un réel autre que lui. Mais qui peut, consciemment ou non, poser ce «donné», le nommer et lui attribuer certaines caractéristiques, sinon le sujet même de la réflexion? Ce dernier n'est-il pas toujours déjà impliqué dans le réel dont il tente de comprendre le mystère? Le dualisme est en fait un subjectivisme qui s'ignore.

La méthode de raisonnement du dualisme représente, aux yeux de Merleau-Ponty, un autre danger pour la philosophie: celui du dogmatisme. Le problème du dogmatisme permet de souligner l'apport éthique de la philosophie de Merleau-Ponty sur la question du réel: le rétablissement de l'étonnement. Il ne s'agit pas seulement de valoriser par là la curiosité et le goût de l'«extra-ordinaire»[18] nécessaires à toute recherche philosophique. S'étonner, c'est aussi admettre que le «donné» de l'expérience, tout évident qu'il paraisse, n'en conserve pas moins une part d'opacité que la pensée ne doit pas nier. Que la réflexion ne puisse s'amorcer indépendamment d'un donné originaire ne légitime ni la vérité, ni la réalité, ni la pertinence absolue de ce dernier. L'évidence que l'on peut voir en lui conserve une part de contingence, et il suffit de regarder l'histoire des sciences et des idées pour s'apercevoir que la plupart des révolutions théoriques résident dans le rétablissement de l'étonnement face à une évidence trop admise. L'étonnement ne consiste pas à vouloir remettre en doute toute évidence, ni à rétablir le principe d'un scepticisme caricatural. Il faut plutôt voir en lui une remise en question du critère de l'évidence comme fondement premier du réel et de la vérité. Or la remise en question de ce critère est au cœur de la philosophie de Merleau-Ponty. Certes, l'expérience du réel s'affirme le plus souvent à travers une évidence: ce fauteuil est blanc, ma perception en témoigne et celle d'autrui le confirme. Il serait absurde de douter de la réalité de sa blancheur; l'étonnement merleau-pontien ne réside pas là. En revanche, lorsqu'on sait à quel point la perception d'une couleur dépend du type d'éclairage, de la constitution de l'œil, de la position dans l'espace, de la matière de l'objet,

18 Le *thaumazein* grec définit en effet un goût et même une admiration pour tous les phénomènes qui apparaissent comme extra-ordinaires, autrement dit comme sortant de nos habitudes et que notre spontanéité échoue à expliquer immédiatement.

on peut se demander comment l'on parvient à s'accorder sur une même évidence. Quelle est cette évidence commune ? Si l'expérience d'autrui et la mienne ne peuvent pas être identiques, comment ouvrent-elles sur une « même » chose, sur un même « donné », disons sur un réel commun ? Le rétablissement de l'étonnement devant le réel constitue le premier pas nécessaire à toute pensée qui voudrait l'approcher.

Mais après tout, pourquoi s'étonner ? Si nous nous entendons d'emblée avec autrui sur l'évidence du réel, ce simple accord de principe suffit à notre adaptation au monde et à notre vie. Pourquoi valoriser l'étonnement et insister sur la nécessité de son rétablissement, comme le fait Merleau-Ponty dans son discours inaugural au Collège de France ? La crainte de Merleau-Ponty est en fait de voir le dogmatisme envahir la pensée. Le philosophe français redoute notre enfermement progressif dans une histoire de la philosophie qui se contenterait de « défendre »[19] des traditions conceptuelles. Comme si tout était déjà dit et que la seule tâche du philosophe se réduisait à articuler des notions établies depuis toujours. Sans étonnement devant le réel, nous donnons naissance à une pensée « en retraite ou en repli »[20], et le réel, disparaissant peu à peu de nos préoccupations, finit par se masquer de plus en plus à nos regards. Moins nous nous étonnons de lui, plus nous admettons sans critique ce qui est dit à son propos. Perdre l'étonnement, c'est ouvrir la porte au dogmatisme.

Pour Merleau-Ponty, nous n'interrogeons plus les présupposés les plus profonds des idées traditionnelles et nous contentons d'une place illusoire dans un débat désormais sans vie[21]. C'est pourquoi l'étonnement doit être maintenu vis-à-vis de ces traditions et de leurs présupposés. Le rétablissement de l'étonnement devant le réel est indissociable d'un rapport critique aux formes traditionnelles de la philosophie. Non pas parce qu'il faudrait cultiver une contradiction de principe ; mais parce que le sens même de la philosophie consiste à comprendre la limite des perspectives conceptuelles sur le réel, à saisir le moment où une évidence commode pour la réflexion révèle la part invisible et illusoire qui la constitue. Nous ne pouvons vivre sans la référence à certaines évidences ; mais,

19 Merleau-Ponty, Maurice, *Éloge de la philosophie*, Paris, Gallimard, 1953, p. 45.

20 *Ibid.*

21 « Passé un certain point de tension, les idées cessent de proliférer et de vivre, elles tombent au rang de justifications et de prétextes, ce sont des reliques, des points d'honneur, et ce qu'on appelle pompeusement le mouvement des idées se réduit à la somme de nos nostalgies, de nos rancunes, de nos timidités, de nos phobies. » *Ibid.*

selon Merleau-Ponty, le goût de l'évidence est inséparable du sens de l'ambiguïté en philosophie[22]. En cela l'attitude philosophique qu'il prône nous semble au plus proche de la question du réel.

Enfin, outre l'apport critique sur la pensée objective, et celui, éthique, du rétablissement de l'étonnement, il nous reste à définir l'apport philosophique. En traversant la question du réel, Merleau-Ponty aboutit peu à peu à une nouvelle manière de philosopher, qu'il a appelé lui-même «philosophie concrète». Celle-ci désigne une autre façon d'aborder l'expérience du réel, fondée sur une approche inédite du corps, de l'imaginaire et de la notion de structure. Dans ce parcours, le penseur français tentera plusieurs perspectives, abordant d'abord le réel comme une dimension originelle de l'expérience qui résiste au concept, puis comme lié à l'imaginaire par un symbolisme originaire, pour enfin l'inscrire dans la structure charnelle si particulière de la réversibilité. Toutes ces perspectives caractérisent une même préoccupation: la volonté de sortir du discours philosophique traditionnel. Nous verrons alors que la philosophie concrète apporte une approche inédite du réel et qu'elle permet de situer autrement la démarche philosophique par rapport aux pensées contemporaines du réel. Celles-ci, même si elles ont suivi la marche générale des recherches du 20e siècle en intégrant le signifiant réel dans leur discours, n'ont pas néanmoins réussi à assumer le changement méthodologique que cela impliquait. Si bien qu'elles ont fini par renouer avec l'écueil de la philosophie traditionnelle, c'est-à-dire par occulter à nouveau l'énigme du réel. Certains auteurs dont le réel constitue le cœur de la réflexion, Rosset ou Baudrillard par exemple, finissent même par renoncer à toutes formes d'étonnement devant l'expérience du réel, soit parce que notre seul rapport lucide avec lui résiderait dans une joie pure dénuée de tout discours, soit parce qu'il se serait transformé en un pur spectacle symbolique sans référent. Même Austin, dont l'analyse du terme «réel» conduit à une critique radicale du discours philosophique, finit par revenir à une négation implicite de l'étonnement peu propice à la découverte du réel. Il est étrange de constater à quel point les penseurs contemporains du réel se sont appropriés la notion pour en constater finalement l'absence d'intérêt philosophique. De ce point de vue, la philosophie concrète de Merleau-Ponty trace probablement une autre voie que nous tenterons de décrire.

22 *Ibid.*, p. 14.

Sortir des préjugés réalistes

Chapitre 1

Une pensée du réel peut-elle être une pensée «réaliste» ? En philosophie, la force du «réalisme» réside dans la proximité apparente de sa définition de l'expérience avec l'expérience spontanée. Rien d'arbitraire, rien de construit, pas de complexité inutile, mais seulement une approche naïve et courante de l'expérience quotidienne pour fonder la réflexion philosophique; tel semble être le point de départ du réalisme. Suivons-le donc et définissons l'expérience à partir de nos évidences spontanées. Considérer la table que je perçois comme réelle, c'est savoir que si je m'approche d'elle je pourrai la toucher, qu'elle imposera à mon mouvement une résistance. Si je venais à douter de sa réalité, mon premier réflexe consisterait à vouloir en éprouver la consistance, la présence matérielle. La spontanéité de l'expérience considère souvent le toucher comme le témoin premier de la présence du réel; sans doute parce que ce sens est celui où l'épreuve de la résistance se fait la plus aiguë et celle de l'altérité la plus sensible. Les autres voies de la perception, vue, odorat, goût, ouïe, constituent elles aussi une ouverture à l'altérité, mais l'épreuve caractéristique de la résistance du réel y est plus discrète et plus complexe. Si je voulais m'assurer de la réalité de la table que je regarde sans aller la toucher, je demanderais à autrui s'il la perçoit lui aussi, s'il en distingue les différentes couleurs, si celles-ci sont bien les mêmes que celles que je vois. Autrement dit, je chercherais différents témoignages prouvant que ma perception ne s'exerce pas selon des modalités arbitraires lui permettant d'imaginer chaque objet comme elle le souhaite. Je parle donc de réel lorsqu'une perception enveloppe en elle une résistance à son exercice, comme si l'objet perçu lui était donné et lui imposait sa nature et ses caractéristiques propres; comme si son existence d'objet ne devait rien à ce que je suis, ni à tout ce que mon corps ou mon esprit peuvent importer d'eux-mêmes dans l'instant de la sensation. L'un des critères du réel semble résider dans cette résistance. Quoi de plus spontané, dès lors, que de considérer le réel comme un «donné» avec lequel je suis dans un rapport direct et évident?[1] La description la plus proche de l'expérience du réel et l'énoncé immédiat du problème de sa connaissance conduiraient à une approche «réaliste», autrement dit à une philosophie qui considère que le réel est un «donné» extérieur avec lequel la conscience entre en contact, selon des mécanismes qu'il nous incombe de comprendre[2].

Cette définition du réel comme «donné» est même devenue celle du langage courant[3]. On manifeste ainsi la dimension primordiale et universelle du réel, ainsi que son irréductibilité aux constructions subjectives. Une chose est dite réelle lorsque sa présence et ses qualités ne changent pas en fonction de l'individu qui en fait l'expérience. Connaître une chose, ce serait donc comprendre ou décrire ce qu'elle paraît «donner» d'elle-même. Mais comment ma conscience ou mon corps pourraient-ils avoir accès à ce «donné» s'il est par principe définitivement autre que moi? Si je le perçois, si je peux en parler et le décrire, c'est bien qu'une relation

1 «Au sens philosophique, on appellera "réaliste" une doctrine affirmant la possibilité d'acquérir une connaissance directe et fiable du monde.» Dans *Encyclopédie philosophique universelle. Les notions philosophiques*, vol. II, Paris, PUF, 1990, p. 2169.

2 Le principe du réalisme philosophique, quel qu'il soit, même quand il s'agit par exemple du réalisme des Idées chez Platon, a toujours consisté à poser le réel comme un *donné* dont la nature ne dépend en rien de l'expérience subjective que nous en avons. «Doctrine d'après laquelle l'être est indépendant de la connaissance *actuelle* que peuvent en prendre les sujets conscients; *esse* n'est pas équivalent à *percipi*, même au sens le plus large qu'on puisse donner à ce mot», dans André Lalande, *Vocabulaire technique et critique de la philosophie*, PUF, 2002, p. 892. «Le réalisme fait concevoir l'être indépendant de la connaissance que l'on en prend», dans *Encyclopédie philosophique universelle. Les notions philosophiques*, vol. II, *op. cit.*, p. 2169.

3 «Réel»: «En français le mot réel recouvre deux significations à l'origine distinctes: Le réel, c'est d'abord le donné, l'actuel par opposition au virtuel, au simple possible, à l'idéal. Le réel, c'est ensuite l'objet possédant une certaine autonomie en lui-même, doué de caractères propres par opposition au relatif, au phénoménal. C'est ce qui se soutient de soi-même, indépendamment de la visée objective du sujet pensant». Dans *Encyclopédie Philosophique Universelle. Les notions philosophiques*, vol. II, *op. cit.*, p. 2196. «Ce qui existe en fait, indépendamment des idées et des signes.» Dans *Dictionnaire Culturel en langue française. Le Robert*, sous la direction d'Alain Rey, vol. IV, p. 60.

s'établit avec lui et que sa dimension d'altérité est, au moins apparemment, surmontée. La réponse réaliste à ce problème est bien connue : la rencontre du réel serait la cause d'une représentation dans la conscience.

Sous l'évidence apparente de la doctrine réaliste s'installe en fait tout un système interprétatif de l'expérience où le donné, l'évidence, la causalité, la représentation et la conscience deviennent les concepts phares. La suprématie de ces derniers a-t-elle pourtant une justification aussi évidente qu'on veut bien le dire ? Aujourd'hui, les critiques philosophiques du réalisme s'attachent souvent à montrer que le donné réside non pas dans l'objet mais dans l'idée, ou encore que le réel est dans la représentation ou le concept plutôt que dans la sensation. Elles consistent à revaloriser une notion déjà existante au détriment d'une autre, mais au sein d'un domaine conceptuel finalement identique. C'est pourquoi il nous semble essentiel de revenir à la critique merleau-pontienne du réalisme. Peu de penseurs se sont attaqués avec autant de pertinence à l'argument fondamental de cette doctrine : celui de sa soi-disant proximité avec l'expérience spontanée du réel.

Les premiers travaux de Merleau-Ponty, notamment *La structure du comportement*, permettent de remettre en question l'évidence trompeuse du réalisme. Certes, les études scientifiques de *La structure du comportement* sont aujourd'hui dépassées. Mais la critique de Merleau-Ponty sur le réalisme touche le cœur de la démarche et non pas seulement ses éléments contingents ou circonstanciels. L'argument fondamental consiste à montrer que le réalisme n'est pas une approche neutre ni spontanée de l'expérience : « On a trop dit que la conscience naïve était réaliste. »[4] Pour Merleau-Ponty, l'introduction de la notion de représentation, la prédominance du principe de causalité dans notre compréhension de l'expérience et la définition du réel comme « donné » sont autant d'indices du caractère artificiel de la pensée réaliste.

Intéressons-nous d'abord à la prédominance du principe de causalité dans la naissance de la représentation. Dans un premier temps, il ne s'agit pas pour Merleau-Ponty d'affirmer que ce parti pris explicatif est erroné, mais de montrer qu'il ne peut pas prétendre à une évidence plus grande que d'autres approches de l'expérience.

> Le bureau que je vois devant moi, et sur lequel j'écris, la pièce dans laquelle je me tiens et dont les murs au-delà du champ sensible se referment autour de moi, le jardin, la rue, la ville, enfin tout mon horizon spatial ne m'apparaissent pas,

4 MERLEAU-PONTY, *La structure du comportement*, *op. cit.*, p. 200.

si je m'en tiens à ce que dit la conscience immédiate, comme des causes de la perception que j'en ai, qui imprimeraient en moi leur image d'eux-mêmes par une action transitive. Il me semble plutôt que ma perception est comme un faisceau de lumière qui révèle les objets là où ils sont et manifeste leur présence, latente jusque-là. Que je perçoive moi-même ou que je considère un autre sujet percevant, il me semble que le regard «se pose» sur les objets et les atteint à distance, comme l'exprime bien l'usage latin de «lumina» pour désigner le regard.[5]

L'émergence des concepts de causalité et de représentation dans la perception nuance considérablement l'approche soi-disant naïve du réalisme. Si l'on suit le réalisme jusqu'au bout, le réel n'est pas *ce qui* est perçu, mais *ce qui cause* la perception. Or l'expérience quotidienne ne donne pas l'impression de dépendre d'une représentation pour nous rapporter au monde environnant.

Quoi qu'il en soit, le réel du réalisme devient donc ce donné, ce «sensible extérieur»[6] comme l'écrit Merleau-Ponty, que nous devrions tenter de connaître. Mais, comme le remarque à juste titre le philosophe français, la transformation de l'expérience du réel en une représentation pose un autre problème assez éloigné du sens commun. Si l'expérience du réel s'incarne dans une représentation, comment celle-ci se distingue-t-elle des autres représentations de l'esprit? Comment rendre compte de l'évidence qui caractérise le plus souvent la perception du réel et qui permet que je ne confonde pas ce que j'imagine avec ce que je vois réellement? Puisque le réel n'est pas ce dont je fais l'expérience, mais ce qui la cause; puisque «l'identité numérique» du réel et du perçu se voit défaite, la question de leur «identité spécifique» doit être posée:

> *Le philosophe cherche à maintenir entre le perçu et le réel, à défaut d'une identité numérique une identité spécifique,* à faire venir des choses elles-mêmes les caractères distinctifs du perçu, et c'est pourquoi la perception est comprise comme une imitation ou un redoublement des choses sensibles en nous, ou comme l'actualisation dans l'âme de quelque chose qui était en puissance dans un sensible extérieur.[7]

À quel critère reconnaître l'«identité spécifique» du réel et de la représentation perçue? Dès que l'on introduit l'intermédiaire de la représentation,

5 *Ibid.*

6 Voir par exemple: *ibid.*, p. 205-206: «C'est d'abord le sensible, le perçu lui-même qu'on installe dans les fonctions de chose extra-mentales, et le problème est donc de comprendre comment un double ou une imitation du réel est suscité dans le corps puis dans la pensée».

7 *Ibid.*

le lien entre l'expérience vécue et le réel ne peut se définir autrement que par une forme de «correspondance». La représentation adéquate devient celle qui «colle» le mieux au réel. On prête alors à la représentation diverses caractéristiques, on définit les conditions de sa clarté pour l'esprit ou la conscience, sans comprendre que l'on impose simultanément les mêmes caractéristiques au réel. Pourtant, comment ne pas s'apercevoir que l'idée même d'une recherche de «correspondance» entre deux éléments suppose de déjà les connaître? Si nous déterminons d'emblée ce que le réel doit être, au nom d'une correspondance attendue, à quelle découverte du réel pouvons-nous prétendre? Pour que la représentation soit pertinente, le réalisme se voit contraint de définir *a priori* les caractéristiques du réel; bref le problème est réglé avant d'être posé.

On comprend pourquoi, dans *La structure du comportement*, les critiques de Merleau-Ponty contre le réalisme ont toutes le même but: montrer que le donné relève en fait d'une construction inconsciente. Là où le réalisme pense décrire un élément «objectivement» observable, il y a déjà «une illusion de laboratoire», c'est-à-dire une création de l'esprit. Le stimulus, par exemple, concept phare de la psychologie comportementaliste, n'existe comme tel que dans la relation singulière qu'un organisme établit avec lui[8]. De même, les analyses de Pavlov sur les comportements supérieurs reviennent sans cesse à des donnés internes à la conscience dont on ne peut justifier ni l'existence ni l'origine[9]. Ce que le réalisme comprend comme des éléments «naturels» appartenant à un réel donné relève de dimensions que la singularité du sujet contribue en fait à élaborer.

8 «Quand l'œil et l'oreille suivent un animal qui s'enfuit, dans l'échange des stimuli et des réponses, il est impossible de dire qui a "commencé". Puisque tous les mouvements de l'organisme sont toujours conditionnés par des influences externes, on peut bien, si l'on veut, traiter le comportement comme un effet du milieu. Mais de la même façon, comme toutes les stimulations que l'organisme reçoit n'ont à leur tour été possibles que par ces mouvements précédents, qui ont fini par exposer l'organe récepteur aux influences externes, on pourrait dire aussi que le comportement est la cause première de toutes les stimulations. Ainsi la forme de l'excitant est créée par l'organisme lui-même, par sa manière propre de s'offrir aux actions du dehors.» *Ibid.*, p. 11.

9 «Loin d'être une description fidèle du comportement, la théorie des réflexes conditionnés est une construction inspirée par les postulats atomistes de l'analyse réelle. Elle transporte dans l'activité organique les modes de clivage qui conviennent à un univers de choses, et ne représente à aucun degré l'instrument nécessaire d'une recherche scientifique.» *Ibid.*, p. 60.

Cette critique de Merleau-Ponty sur le réalisme nous paraît primordiale pour ouvrir le questionnement philosophique sur le réel. Les difficultés du réalisme reposent sur la définition implicite du réel comme «donné pur». En refusant d'interroger le présupposé fondamental de sa philosophie parce qu'il le croit à tort au plus proche de l'évidence vécue, le réalisme finit par ne plus s'étonner devant l'expérience et par en perdre l'énigme. Repousser le réel au-delà de l'expérience, alors que celle-ci semble bien donner le réel comme tel, conduit le réalisme à reproduire l'énigme du vécu immédiat à un autre niveau. Mais rien n'est par là résolu et le problème est même inutilement complexifié. La question de la connaissance du réel se voit écartée puisque celui-ci est d'emblée pensé comme un «donné» dont la définition est implicitement présupposée. Avant même que le réel ne soit découvert dans l'expérience, il se voit affublé de certaines caractéristiques que l'on retrouvera comme par magie dans la représentation subjective. Et l'on s'émerveillera alors de «découvrir» dans la conscience ce qu'elle a en fait construit préalablement. Le donné, le «réel» du réalisme, est en fait la transposition artificielle d'une dimension de l'expérience à une extériorité prédéfinie selon les besoins arbitraires d'une philosophie.

Un questionnement pertinent sur le réel supposerait donc un retour à l'expérience qui ne se fonde pas sur la définition préalable d'un donné extérieur à elle; quelle que soit d'ailleurs la forme que ce donné puisse prendre. Dans l'ouvrage de 1942, le refus de l'ontologie du donné conduit alors l'auteur français vers Descartes. Pour Merleau-Ponty, la grande force du cartésianisme consiste à découvrir le réel dans l'expérience au lieu d'en poser l'existence pour comprendre ensuite l'expérience à partir de là. Le *cogito* incarne une recherche qui ne considère pas *a priori* que le réel est donné, mais qui entend seulement en faire l'épreuve à partir d'une analyse du vécu subjectif. Là est, aux yeux de Merleau-Ponty, la grande pertinence du *cogito*: «Le premier mouvement de Descartes était d'abandonner les choses extra-mentales que le réalisme philosophique avait introduites pour revenir à un inventaire, à une description de l'expérience humaine sans rien présupposer qui l'explique du dehors.»[10]

Toutefois, sortir totalement de l'ontologie du donné est une démarche plus complexe qu'il ne peut le paraître au premier abord. Car la référence à un donné ne reflète pas seulement le postulat nécessaire à la rencontre

10 *Ibid.*, p. 210.

d'une forme d'altérité dans l'expérience. Elle permet aussi d'expliquer la dimension d'évidence qui caractérise le plus souvent l'expérience du réel. Lorsque la démarche du *cogito* conduit l'auteur des *Méditations* à considérer que le signe le plus probant du réel réside dans une évidence de la pensée, le problème du donné est reconduit sous une autre forme. Merleau-Ponty aura alors besoin de plusieurs années pour savoir quelle attitude adopter vis-à-vis du critère de l'évidence: sans pouvoir le renier, il lui semble pourtant aussi impossible de le maintenir. Cette ambivalence explique le rapport complexe de Merleau-Ponty à Descartes dans *La structure du comportement* ainsi que plusieurs tensions propres à la *Phénoménologie de la perception*. Nous y reviendrons.

Quoi qu'il en soit, dans l'ouvrage de 1942, Merleau-Ponty ne peut suivre Descartes jusqu'au bout de sa démarche. Car la découverte de l'évidence première du *cogito* conduit Descartes à réduire le champ de l'évidence du réel à celui de la pensée. Dès lors, afin de garantir que l'évidence témoigne de l'existence d'autre chose qu'elle-même, Descartes se voit contraint de rétablir le présupposé métaphysique de l'existence de Dieu. Ou bien l'évidence se réduit à une simple pensée et alors le sujet ne sort pas de ses propres représentations. Ou bien elle témoigne du réel mais il faut à ce moment-là que son lien avec la réalité soit garanti par la volonté divine. Sur ce terrain, Merleau-Ponty se distancie de Descartes parce que celui-ci restaure à sa manière un donné transcendantal venant expliquer l'expérience[11].

> L'intellection que le *cogito* avait trouvée au cœur de la perception n'en épuise pas le contenu; dans la mesure où la perception s'ouvre sur un «autre», dans la mesure où elle est l'expérience d'une existence, elle relève d'une notion primitive qui «ne peut être entendue que par elle-même» d'un ordre de la vie où les distinctions de l'entendement sont purement et simplement annulées. Ainsi Descartes n'a pas cherché à intégrer la connaissance de la vérité et l'épreuve de la réalité, l'intellection et la sensation. Ce n'est pas dans l'âme, c'est en Dieu qu'elles se relient l'une à l'autre.

On peut regretter, néanmoins, que Merleau-Ponty ne décèle pas d'emblée le caractère problématique de la notion d'évidence. Tout en conservant l'évidence de l'intuition, il cherche alors d'autres attitudes philosophiques qui ne se réfèrent pas à un donné pour garantir le lien de l'expérience avec le réel. Il se tourne ainsi vers le concept de «phénomène». Dans *La structure du comportement*, la philosophie transcendantale kantienne,

11 *Ibid.*, p. 213.

notamment, constitue en ce sens un nouveau champ d'investigation. Le concept de phénomène repose bien sur une intuition première incarnant notre contact avec le réel, mais ce dernier ne saurait se réduire à elle. Car la nature du phénomène dépend, d'un point de vue formel, de constructions *a priori* de la conscience. La philosophie transcendantale ne cherche plus la connaissance du réel «dans sa pureté»; il n'y a rien à dire de la dimension du réel comme «autre absolu» puisque je ne perçois cet autre que selon l'ouverture subjective que je lui offre. Définir et connaître l'expérience du réel, c'est d'abord admettre que le réel «en soi», le réel comme donné absolu, subsiste comme hypothèse rationnelle, mais reste potentiellement imaginaire puisqu'aucune expérience ne me donne accès à lui. Le domaine kantien de l'en-soi a cette fonction propre: admettre qu'il n'y a rien à dire de l'altérité pure du réel parce qu'en dire quelque chose serait oublier que nous ne pouvons nous rapporter à elle que selon un cadre que nous établissons *a priori*. S'interroger sur le réel revient donc à considérer le phénomène et seulement le phénomène, c'est-à-dire non pas le réel en tant que tel mais la conscience que nous en prenons.

On sait néanmoins qu'aux yeux de Merleau-Ponty, le concept kantien de phénomène ne va pas assez loin. Pour que le sujet rencontre autre chose que lui-même dans l'expérience, Kant est contraint de poser l'existence d'un monde de choses en soi incarnant le réel en tant que tel. Un monde qui n'est qu'une idée et où le phénomène du réel n'est donc pas réellement pris en compte. En somme, dans l'expérience, le sujet ne rencontre rien d'autre que sa propre conscience[12]. Pour Merleau-Ponty, c'est bien vers le concept de phénomène qu'il faut se tourner pour comprendre le réel; mais vers un concept plus radical que celui de Kant, un concept qui ne cède rien à l'ontologie du donné pour garantir le lien de l'évidence vécue avec le réel. L'attitude phénoménologique husserlienne en somme, mais, comme nous allons le voir, un peu remaniée.

12 «Si l'essentiel de la solution criticiste consiste à rejeter l'existence aux limites de la connaissance et à retrouver la signification intellectuelle dans la structure concrète, et si, comme on l'a dit, le sort du criticisme est lié à cette théorie intellectualiste de la perception, au cas où elle ne serait pas acceptable, il faudrait définir à nouveau la philosophie transcendantale de manière à y intégrer jusqu'au phénomène du réel. La "chose" naturelle, l'organisme, le comportement d'autrui et le mien n'existent que par leur sens, mais le sens qui jaillit en eux n'est pas encore un objet kantien, la vie intentionnelle qui les constitue n'est pas encore une représentation, la "compréhension" qui y donne accès n'est pas encore une intellection.» *Ibid.*, p. 241.

Il faudrait donc faire une phénoménologie de l'expérience évidente du réel. Là est l'enjeu de la *Phénoménologie de la perception*. Dans l'«avant-propos» de l'ouvrage, Merleau-Ponty met au centre de la problématique phénoménologique l'existence d'un «savoir primordial du réel»[13] et la nécessité de recourir à sa description et à son explicitation pour retrouver la pertinence de la philosophie[14]. Alors que les théories réaliste et transcendantale se voient contraintes de reconstruire artificiellement le lien de l'expérience avec le réel, les descriptions de l'«avant-propos» de la *Phénoménologie de la perception* acceptent comme allant de soi la présence du réel dans l'expérience. Bien que la connaissance du réel apparaisse le plus souvent comme l'énigme des sciences et du savoir, Merleau-Ponty prétend au contraire que nous le reconnaissons d'emblée dans la perception.

> À chaque moment mon champ perceptif est rempli de reflets, de craquements, d'impressions tactiles fugaces que je suis hors d'état de relier précisément au contexte perçu et que cependant je place d'emblée dans le monde, sans les confondre jamais avec mes rêveries. À chaque instant aussi je rêve autour des choses, j'imagine des objets ou des personnes dont la présence ici n'est pas incompatible avec le contexte, et pourtant ils ne se mêlent pas au monde, ils sont en avant du monde, sur le théâtre de l'imaginaire. Si la réalité de ma perception n'était fondée que sur la cohérence intrinsèque «des représentations», elle devrait être toujours hésitante, et, livré à mes conjectures probables, je devrais à chaque moment défaire des synthèses illusoires et réintégrer au réel des phénomènes aberrants que j'en aurai d'abord exclus. Il n'en est rien. Le réel est un tissu solide, il n'attend pas nos jugements pour s'annexer les phénomènes les plus surprenants ni pour rejeter nos imaginations les plus vraisemblables.[15]

Merleau-Ponty entérine ici l'argument de l'évidence du réel dans l'expérience. Sa réflexion repose sur l'existence même du fait perceptif; si l'on n'appréhendait le réel qu'après un recul critique de la conscience sur le perçu, chaque perception deviendrait hésitante, voire impossible. Je ne percevrais pas un objet bien défini mais seulement un ensemble de représentations dont je passerais mon temps à chercher la cohérence et la véracité. Si la distinction du réel et des fantasmes requérait une réflexion complexe, chaque décision exigerait à son tour des délibérations infinies n'ouvrant finalement sur aucune action concrète. À chaque instant l'imaginaire travaille sans que nous en ayons conscience, produit des fictions qui pourraient avoir plus de véracité apparente que le réel parfois étrange

13 Merleau-Ponty, *Phénoménologie de la perception*, *op. cit.*, p. XI.

14 *Ibid.*, p. XI.

15 *Ibid.*, p. IV-V.

et incompréhensible auquel nous nous confrontons. S'il s'agissait de juger rationnellement, d'évaluer selon des critères la nature du perçu, nous serions sûrement conduits à considérer comme réelles certaines créations fantasmatiques. Et pourtant la confusion ne semble pas se produire. Nulle réflexion requise afin de différencier le lieu imaginaire où ma pensée me porte, cette petite ville où j'apprécie de flâner parfois pendant l'été par exemple, et le lieu réel où je me trouve en fait: ce bureau blanc sur lequel je travaille actuellement. Nul besoin d'un exercice du jugement pour distinguer la personne que j'imagine de celle avec qui je parle réellement au même moment. Aussi grand que soit le pouvoir de l'imaginaire, aussi improbable que le réel puisse être, celui-ci impose toujours son évidence à la perception. Même la certitude créée par la rationalité ne semble pouvoir être comparée à celle que suscite l'évidence du réel. Pour Merleau-Ponty, la possibilité de la perception repose sur son lien essentiel avec le réel et sur la reconnaissance immédiate du réel dans l'expérience.

Percevoir, ce serait faire l'expérience du réel. Mais n'est-il pas trop radical de lier ainsi la perception au réel seul ? Qu'en est-il des phénomènes imaginaires, de l'illusion la plus banale aux hallucinations les plus folles ? Ne sont-elles pas elles aussi des perceptions ? Pourtant, écrit Merleau-Ponty dans la citation précédente, même nos « imaginations les plus vraisemblables » sont non seulement identifiées immédiatement comme telles, mais elles restent des constructions secondaires et consécutives à l'expérience du réel. Le fait que nous puissions évoquer l'existence des dimensions du réel et de l'imaginaire suppose que nous sachions ce qui caractérise chacune d'elles. Or sur quoi un tel savoir peut-il reposer sinon sur une « expérience type » de l'imaginaire ou du réel en tant que tel ? Comment caractériser, par exemple, la différence du rêve et de la vie éveillée si ce n'est par une certaine sensation du réel évidente en elle-même ? Par le contenu ? Mais le rêve et la vie réelle peuvent avoir des contenus perceptifs similaires du simple point de vue descriptif. Dira-t-on que certains objets du rêve sont plus improbables que ceux du réel ? Mais le fait même de pouvoir affirmer cela suppose que j'ai déjà une expérience du réel me permettant de dire qu'il se caractérise par sa plus grande probabilité. L'analyse du contenu de l'expérience n'offre pas de critère fiable pour distinguer le réel de l'imaginaire puisqu'elle suppose, en amont, une expérience témoin du réel ou de l'imaginaire en tant que tel. Quel que soit le type d'illusion, nous ne pouvons en parler que parce que « nous avons *reconnu* des illusions, et nous n'avons pu le faire qu'au nom de quelque perception qui, dans le même moment, s'attestât comme vraie... », écrit

Merleau-Ponty[16]. Si nous n'avions pas d'expérience immédiate et évidente du réel dans la perception, nous ne pourrions pas et nous n'aurions pas même l'idée de distinguer le réel de l'illusion.

Le réel incarnerait donc une dimension primordiale et évidente sur laquelle se fonderaient nos différences conceptuelles. À bien y regarder, on se rend compte en effet que toutes les catégories de l'esprit par lesquelles on distingue le vrai du faux, le pertinent du non pertinent, l'important de l'accessoire, et bien d'autres encore, se fondent nécessairement sur un rapport premier et évident à une dimension considérée comme réelle. Comment différencier et définir non seulement l'illusion et la réalité, mais encore l'agréable et le désagréable, le chaud et le froid, le lourd et le léger, et tout autre prédicat, sans la référence à un réel commun et évident en lui-même ? Si je tombe d'accord avec autrui pour dire que telle personne se leurre sur la couleur et la distance de tel ou tel objet, il faut bien que cette affirmation repose sur le constat tacite d'un réel commun. La présence du réel dans l'expérience s'affirme apparemment comme inéluctable dans la mesure où tous nos actes spontanés, nos constructions rationnelles et nos distinctions catégorielles exigent l'existence d'une expérience témoin où le réel s'affirme immédiatement. L'enjeu de la *Phénoménologie de la perception* consiste à mettre au premier plan ce savoir étrange et mystérieux du réel que constitue l'expérience. « La perception [...] est le fond sur lequel tous les actes se détachent et elle est présupposée par eux »[17]. Le réel est une dimension originelle et préconceptuelle de l'expérience perceptive ; il constitue, en tant que tel, à la fois un nouveau champ d'investigation et une nouvelle forme de savoir.

> [...] Si je peux parler de « rêves » et de « réalité », m'interroger sur la distinction de l'imaginaire et du réel, et mettre en doute le « réel », c'est que cette distinction est déjà faite par moi avant l'analyse, c'est que j'ai une expérience du réel comme de l'imaginaire, et le problème est alors non pas de chercher comment la pensée critique peut se donner des équivalents secondaires de cette distinction, mais d'expliciter notre savoir primordial du « réel ».[18]

Le simple fait de « mettre en doute le réel », autrement dit d'engager une démarche philosophique s'intéressant à l'énigme du réel supposerait de l'avoir déjà reconnu dans l'expérience. En résumé, s'il n'existait pas un savoir primordial du réel, non seulement la perception et la communication

16 *Ibid.*, p. XI. Nous soulignons.
17 *Ibid.*, p. V.
18 *Ibid.*, p. XI.

avec autrui deviendraient impensables, mais la possibilité même du questionnement philosophique et des distinctions conceptuelles serait abolie. Ce constat implique pour Merleau-Ponty un changement de méthode philosophique.

Il faudrait donc «expliciter notre savoir primordial du réel». Étrange connaissance, toutefois, que ce savoir premier de l'expérience qui incarne d'un même mouvement une saisie du réel et une invitation à en expliciter la nature. Si je connais d'emblée le réel, quelle énigme peut-il susciter en moi ? Qu'est-ce que ce savoir propre à l'expérience et non réductible à la pensée ? Pour Merleau-Ponty, face à une telle ambiguïté, l'attitude philosophique adéquate ne peut plus consister dans la création d'un concept. Toujours déjà là, donné et immédiat, le savoir n'est plus à construire par le biais d'un système rationnel et déductif. Il devient clair qu'une philosophie essentiellement fondée sur les pouvoirs constitutifs de la conscience ne saurait investir le champ du réel et qu'elle pourrait tout au plus renouer avec lui de manière artificielle. Selon le philosophe français, l'existence de ce savoir transforme la question phénoménologique et bouleverse l'idéalisme transcendantal qui, faute d'avoir perçu l'immédiateté du réel, tentait en vain de le reconstruire par un artifice intellectuel. Le véritable transcendantal n'est plus la conscience, mais l'expérience même; parce qu'en elle se révèle une dimension originelle qui précède et fonde les pouvoirs de la conscience: le réel en tant que tel. La philosophie ne consisterait plus à édifier un système sur la base d'un donné, mais à s'étonner devant ce donné pour en déjouer les artifices inaperçus. Non plus construire donc, mais traduire et développer ce «il y a» préalable. D'où l'injonction de Merleau-Ponty: «Le réel est à décrire et non pas à construire ou à constituer.»[19]

Le procédé de la description essaie de mettre en place une méthode philosophique qui accepte la préséance du réel sur nos constructions symboliques et sur la pensée. Le primat de la description du réel sur sa construction a en effet un sens bien précis pour le philosophe français: «Cela veut dire que je ne peux assimiler la perception aux synthèses qui sont de l'ordre du jugement, des actes ou de la prédication»[20]. Merleau-Ponty reprend ici la conclusion de *La structure du comportement*. Tout comme la redéfinition du criticisme en fonction d'une nouvelle approche du réel signifiait l'impossible réduction des formes d'altérité à un objet devant la conscience[21], le

19 *Ibid.*, p. IV.
20 *Ibid.*, p. V.
21 Voir la phrase finale de *La structure du comportement*.

principe de la description du réel veut dire que sa perception dépasse les pouvoirs synthétiques de l'esprit. Privilégier la description du réel suppose l'ouverture d'un champ préconceptuel qui se donne indépendamment du discours que nous pouvons tenir sur lui, qui s'impose à la perception avant tout élément de rationalité, bref, qui ne dépend pas de ce que la conscience peut construire. La mise en avant de ce processus descriptif peut nous aider à développer davantage la manière dont Merleau-Ponty comprend le réel dans l'ouvrage de 1945: il s'agit d'une dimension prédiscursive, positive et originelle de l'expérience, dans laquelle le questionnement philosophique et les diverses catégories de la réflexion trouvent leur source. La description a pour tâche de dévoiler ce réel masqué à notre spontanéité.

Dans cette démarche, et comme en témoigne l'avant-propos de la *Phénoménologie de la perception*, Merleau-Ponty s'inspire mais tente aussi de se démarquer de la perspective husserlienne. Pourquoi vouloir ainsi se distinguer de Husserl? Et surtout, y parvient-il? La «réduction» husserlienne ne consiste-t-elle pas elle aussi à essayer de revenir à cette dimension inaperçue de l'expérience pour comprendre comment elle devient la source de nos catégories de connaissances? La mise au jour du réel comme dimension prédiscursive et originelle n'est pas sans rappeler «le retour au monde vécu» préconisé par le «dernier» Husserl. Une question se pose donc quant à l'infléchissement que Merleau-Ponty fait subir à la tradition phénoménologique à travers son approche du réel: en quoi se distingue-t-il véritablement de Husserl?

La question du réel, comme interrogation problématique sur la structuration de l'expérience, se trouve au cœur de la philosophie de Husserl. Elle se pose là aussi à travers la définition d'un donné et d'une forme de transcendance dont la conceptualisation demeure ambiguë. L'intention philosophique de Husserl réside dans l'élaboration du rôle constitutif de la conscience dans l'expérience du réel. Défini par la transcendance, le réel se donne à nous dans l'expérience spontanée sous la forme d'une unité et d'une totalité illusoires, où la conscience ne perçoit plus le rôle qu'elle joue dans la construction même de ce tout. Comme l'écrivait Ricœur, «C'est là le piège du réel de nous donner trop tôt l'un, le même, l'identique»[22]. S'il y a une unité de la pensée de Husserl, on pourrait sans doute la définir par la volonté de sortir de ce piège.

Dès *La philosophie de l'arithmétique* et *Les recherches logiques*, Husserl tente de montrer la dépendance fondamentale du donné transcendant

22 Ricœur, Paul, *A l'école de la phénoménologie*, Paris, Vrin, 1998, p. 175.

vis-à-vis d'un acte de constitution subjective. Que ce soit celle du nombre ou celle de l'essence en général, la transcendance s'offre comme une unité apparemment donnée, mais en réalité intrinsèquement liée à une intention. On se souvient toutefois que ces premières recherches furent assez mal comprises. On reprocha à Husserl le rétablissement d'un réalisme platonicien pour sauver la transcendance de l'essence sur le vécu subjectif. Bien que partiellement infondé, puisque Husserl montrait la relation intrinsèque de l'idéalité et de l'acte subjectif qui la cherche, ce reproche marquait néanmoins la persistance d'un aspect problématique concernant l'appréhension de l'altérité.

Afin de parer à toute accusation de réalisme, Husserl met en place dans les *Ideen* le procédé bien connu de la réduction, dont le but est d'écarter la recherche du réel de toute présupposition d'un donné unitaire initial. On quitte l'expérience spontanée du réel, l'« attitude naturelle », pour renouer avec un vécu pur auquel cette expérience est reliée. La problématique du réel se modifie. Dans l'expérience spontanée, l'unité transcendante des choses et du monde nous apparaît comme un donné absolu. Or, cette unité, dont nous n'avons pas d'expérience empirique véritable, est en fait un horizon posé par une croyance inaperçue ; ce que Husserl appelle la « thèse du monde ». Le propre de cette croyance est justement de ne pas s'identifier comme croyance et d'occulter le rôle constitutif de la conscience dans l'unité apparente du monde. Retrouver l'influence de la conscience dans ce sentiment de transcendance suppose alors de mettre entre parenthèses la « thèse du monde », autrement dit d'abolir toute présupposition d'un donné unitaire qui s'imposerait à nous. Le procédé de la réduction accomplit un pas supplémentaire dans la critique du réalisme. Il écarte toute anticipation d'un donné et permet de radicaliser les approches cartésienne et kantienne du réel. Comme Descartes, Husserl ne pose pas d'extériorité à la conscience avant d'avoir étudié l'intériorité vécue ; mais contrairement à lui, il ne recourt pas à un postulat métaphysique ou théologique pour garantir la présence de l'altérité dans l'expérience. Comme Kant, il refuse de croire que l'expérience puisse se réaliser sans une part active de la subjectivité ; mais contrairement à lui, il ne recourt pas au postulat métaphysique d'un monde de choses en soi pour rétablir le lien du phénomène au réel[23]. La réduction

23 Nous partageons ici les analyses de Jean-François Lavigne. Celui-ci retrace la généalogie conceptuelle de la phénoménologie comme idéalisme transcendantal et montre comment s'effectue la radicalisation de l'idéalisme transcendantal dans la phénoménologie husserlienne. En refusant de laisser planer la possibilité d'un

reconduit à une sphère de pure immanence de la conscience où l'on tente de comprendre comment celle-ci intervient dans la construction de l'expérience du réel.

Mais le retour à l'immanence transforme à nouveau la question du réel. Car après avoir aboli toute présupposition ontologique, Husserl se retrouve face à une très grande difficulté. Comment rendre compte de la présence de l'altérité dans l'expérience sans jamais poser l'existence d'un donné ontologique indépendant de l'Ego ? Le problème d'une sortie possible de l'ontologie du donné se pose à nouveau. Une fois identifiée l'implication de la conscience dans la construction du réel grâce à l'intentionnalité, Husserl n'en reste pas moins confronté au problème de savoir comment l'altérité peut apparaître en tant que telle à la conscience. Si une connaissance qui transcende le vécu est possible et si l'expérience et la connaissance sont elles-mêmes dépassées par la présence d'un objet, il faut comprendre comment la conscience transcendantale peut rendre compte de ce dépassement d'elle-même. L'impossibilité de la constitution d'autrui et le risque du solipsisme qui surgiront dans les *Méditations Cartésiennes* ne seront que l'une des déclinaisons du problème de l'altérité. La même difficulté revient également dans le concept d'«essence». Ou bien celle-ci est un donné pur saisi dans l'intuition, auquel cas Husserl ne peut éviter la critique du retour à une forme de réalisme platonicien. Ou bien alors l'unité même de l'essence est obtenue à partir de la variation imaginative et des synthèses de la conscience. Mais dans ce dernier cas, on ne voit pas comment la synthèse pourrait être autre chose qu'une tâche infinie: de quelle manière la perfection et l'unité de l'idéalité pourraient-elles être obtenues à partir de la multiplicité des perspectives empiriques ? Plus l'essence se constitue, plus il semble que l'on ait besoin d'une expérience

monde de choses en soi, même comme hypothèse rationnelle, et grâce au procédé de la réduction, Husserl cherche à abandonner ce qui relève encore chez Kant d'un postulat métaphysique. «L'idéalisme phénoménologique se distingue de l'idéalisme kantien en ce qu'il ne laisse pas ouverte, lui, "la possibilité d'un monde de choses-en-soi", fût-ce à titre de concept problématique ou d'idéal régulateur, mais qu'il l'abolit totalement, en résorbant intégralement toute dimension ontologique d'un en-soi à l'intérieur du champ de la vie intentionnelle, entièrement référée à l'ego. C'est pourquoi la fondation-élucidation de toute réalité mondaine coïncide, sans aucun reste, avec une auto-exploration de l'ego, c'est-à-dire de la subjectivité, sous sa forme concrète. En réalité donc, la phénoménologie husserlienne n'est pas autrement idéaliste et transcendantale que ne l'était le criticisme, elle l'est seulement plus radicalement.» LAVIGNE, Jean-François, *Husserl et la naissance de la phénoménologie*, Paris, PUF, 2005, p. 21.

supplémentaire pour en construire l'unité absolue. L'existence de ce saut qualitatif, bien illustré dans *L'origine de la géométrie*, prouve une nouvelle fois que la tentative de constituer la transcendance ne peut se réaliser sans présupposer une transcendance nouvelle. Le retour à la présupposition réaliste d'un donné ou l'impossibilité de la synthèse sont l'illustration d'un seul et même problème: celui de la résistance du réel à nos prises. La question du réel reste posée.

Pour Merleau-Ponty cependant, le surgissement de l'impossibilité de la synthèse n'est pas la raison d'une prise de distance radicale vis-à-vis de Husserl. Il pense au contraire que la tentative husserlienne doit être prise en compte mais selon une perspective neuve. Il affirme que le principal enseignement de la réduction est justement l'impossibilité d'une réduction complète[24]. Les paradoxes de la notion husserlienne d'essence prennent une valeur particulière aux yeux du philosophe français. L'échec de la réduction montre que, plus l'on cherche à constituer le donné, à comprendre sa «formation», ses caractéristiques et ses sources éventuelles, en un mot, plus nous interrogeons son évidence apparente, plus nous prenons conscience de la résistance inaltérable de l'expérience à nos prises. En ce sens, notre conscience du réel est d'autant plus grande que nous nous étonnons de sa présence dans l'expérience. Si la méthode réductionniste de Husserl échoue dans la finalité directe qu'elle s'assigne, elle dévoile néanmoins, par ses apories, l'énigme constitutive du réel. D'une certaine façon, la recherche husserlienne de l'essence est un autre moyen de formuler l'approche descriptive du réel chère à Merleau-Ponty; dans les deux cas, il s'agit de conserver notre étonnement vis-à-vis du réel donné de manière à ne pas retomber dans les illusions de la métaphysique.

> Il est clair que l'essence n'est pas ici le but, qu'elle est un moyen, que notre engagement effectif dans le monde est justement ce qu'il faut comprendre et amener au concept et polarise toutes nos fixations conceptuelles.[25]

Aucune synthèse intellectuelle ne parviendra à reconstituer le réel perçu puisque chaque démarche de l'esprit se fonde en réalité sur une évidence immédiate où le réel se donne. Le perçu et le réel ne sont pas distincts l'un de l'autre: ils incarnent une dimension irréfléchie de l'expérience, qui se donne comme une évidence, que l'on reconnaît d'emblée, et qui pourtant ne cesse d'échapper à notre volonté de conceptualisation. Plus je cherche

24 Merleau-ponty, *Phénoménologie de la perception, op.cit.*, p. VIII.
25 *Ibid.*, p. IX.

à déterminer «l'essence» du réel, plus je constate son irréductibilité aux catégories dans lesquelles je souhaite l'inclure. C'est pourquoi le véritable sens de la méthode eidétique ne consiste pas, pour Merleau-Ponty, à dévoiler l'essence du réel *mais plutôt à révéler l'impossible réduction du réel au concept*. La description de cette synthèse impossible est ce qui conduira Merleau-Ponty à définir le réel comme «une plénitude insurpassable». Nous avons besoin de rechercher ce qu'est le réel pour comprendre qu'il est toujours déjà présent au sein même de l'expérience. L'existence «a besoin du champ de l'idéalité pour connaître et conquérir sa facticité»[26]. Le vrai sens de la démarche husserlienne consiste donc, pour Merleau-Ponty, à mettre au jour la dimension positive de réalité à partir de laquelle naissent les catégories de la réflexion. «La méthode eidétique est celle d'un positivisme phénoménologique qui fonde le possible sur le réel»[27]. Le vrai sens de la recherche de l'essence serait «l'explicitation de notre savoir primordial du réel».

La mise au jour du «savoir primordial du réel» et la valorisation du processus descriptif ont donc une communauté de sens: toutes deux conduisent à une définition du réel comme une dimension positive et originelle de l'expérience. Positive au sens où un énoncé sur le réel doit se contenter de décrire et de développer une certaine plénitude de l'expérience vécue. Originelle parce qu'elle incarne une dimension irréfléchie ouvrant, avant la raison même, un espace de savoir et de sens dans lequel les catégories de la réflexion sont heureuses de trouver leur source. Quels sont alors les résultats de cette méthode descriptive dans l'élaboration d'une pensée du réel? Que révèle la description merleau-pontienne de l'évidence?

Suivons Merleau-Ponty dans ses descriptions pour en étudier les résultats.

> Quand je regarde la lampe posée sur ma table, je lui attribue non seulement les qualités visibles de ma place, mais encore celles que la cheminée, que les murs, que la table peuvent voir, le dos de ma lampe n'est rien d'autre que la face qu'elle montre à la cheminée.[28]

Cette description étrange de la perception, qui semble prêter aux objets présents la capacité de voir, cherche en réalité à mettre en valeur le déploiement de la vision: voir, ce n'est pas seulement voir un objet par

26 *Ibid.*, p. IX.
27 *Ibid.*, p. XII.
28 *Ibid.*, p. 82.

l'une de ses facettes, c'est voir aussi l'ensemble des autres points de vue possibles sur lui. L'enroulement des perspectives diverses dans un point de vue unique, la synthèse spontanée de leur diversité, est ce qui permet à l'objet de constituer son unité. Perçue depuis la cheminée, ou depuis le mur qui me fait face, la lampe présente diverses facettes, aucune perspective n'est véritablement identique, et pourtant c'est toujours *la* lampe qui se donne comme telle. Comment cette unité peut-elle être perçue si je ne la perçois pas effectivement ? La réponse de Merleau-Ponty consiste à dire que la seule possibilité d'établir une perspective sur la chose suppose un savoir primordial de son «unité en soi».

> Ce que je vois de mes yeux épuise pour moi les possibilités de la vision. Sans doute je ne le vois que sous un certain angle et j'admets qu'un spectateur autrement placé aperçoive ce que je ne fais que deviner. Mais ces autres spectacles sont actuellement impliqués dans le mien comme le dos ou le dessous des objets est perçu en même temps que leur face visible ou comme la pièce voisine préexiste à la perception que j'en aurai effectivement si je m'y rendais ; les expériences d'autrui ou celles que j'obtiendrai en me déplaçant ne font que développer ce qui est indiqué par les horizons de mon expérience actuelle et n'y ajoutent rien. Ma perception fait coexister un nombre indéfini de chaînes perceptives qui la confirmeraient en tous points et concorderaient avec elle. Mon regard et ma main *savent* que tout déplacement effectif susciterait une réponse sensible exactement conforme à mon attente et je *sens* pulluler sous mon regard la masse infinie des perceptions plus détaillées que je tiens d'avance et sur lesquelles j'ai prise. *J'ai donc conscience* de percevoir un milieu qui ne «tolère» rien de plus que ce qui est écrit ou indiqué dans ma perception, je *communique* dans le présent avec *une plénitude insurpassable.*[29]

La perception, en tant qu'elle est aussi perception d'autres points de vue possibles sur l'objet, enroule en elle toutes les perspectives et appréhende l'unité de l'objet à partir de là. Parce que je suis capable de percevoir l'irréductibilité de l'objet à ma perspective sur lui, je saisis simultanément l'existence d'autres perspectives possibles, probablement en nombre infini, et pose par là même l'unité et l'altérité de l'objet perçu. Si je pouvais l'enfermer dans une sorte de possession intellectuelle, il se réduirait à ce que je vois de lui et perdrait son unité transcendante. Je ne peux me définir comme perspective sur l'objet, comme une perception partielle, qu'à condition de poser une totalité et une unité de l'objet ; et réciproquement, cette unité n'est rien d'autre que la somme de ma perspective et

29 *Ibid.*, p. 390. Nous soulignons. Notons que l'expression «plénitude insurpassable» est justement la définition du réel dans la *Phénoménologie de la perception*.

de celles que je crois percevoir à travers elle. L'unité et l'altérité de l'objet sont la contrepartie immédiate de l'aspect fragmentaire de la perception[30].

Mais cet enroulement des perspectives en une n'est pas une construction consciente de l'esprit. Il est un savoir primordial du corps. Là est la grande différence avec Descartes. L'évidence est vécue et non pas représentée à la conscience. Le regard et la main savent spontanément comment se comporter par rapport à cet objet «un» qui se présente à eux. On ne peut pas expliquer cette unité, précisément parce qu'elle précède le discours, les signes et les concepts par lesquels nous souhaiterions la justifier. C'est pourquoi la description de l'unité de la chose ne peut être argumentée: elle est la condition même de la possibilité de la perception. Je peux me définir comme un point de vue sur la chose parce qu'il y a une chose: et ce «il y a», savoir primordial de l'expérience, se constitue comme la somme des perspectives sur lui.

Aucune des expressions soulignées de la citation ci-dessus ne se voit donc corroborée par une preuve: la transcendance de l'unité de l'objet est un fait, un savoir primordial de l'expérience. La «plénitude» de l'objet est un constat et ne peut être rien de plus puisqu'elle précède tout ce que nous pouvons en dire. En ce sens elle est absolument «insurpassable». Le savoir primordial du réel consiste à savoir que ma perception future aura tel ou tel caractère, à savoir que l'objet se donnerait à moi de telle ou telle manière dans une situation autre. Je communique avec une plénitude, mais une plénitude que je ne maîtrise pas parce qu'elle échappe sans cesse à une conceptualisation totale. La «plénitude insurpassable» est pour Merleau-Ponty la définition même du réel et de la chose. Elle caractérise l'enroulement des perspectives infinies dans chaque perspective singulière. Le réel est le perçu en ce qu'il incarne l'entrelacs des perspectives, l'entrelacs du pour-soi et du pour-autrui:

30 Dans une conférence qu'il prononce juste après la publication de la *Phénoménologie de la perception*, Merleau-Ponty revient sur cette question et dit encore que l'aspect réel de la chose est la contrepartie immédiate de l'aspect partiel de la perception: «Ce qui m'interdit de traiter ma perception comme un acte intellectuel, c'est qu'un acte intellectuel saisirait l'objet ou comme possible, ou comme nécessaire, et qu'il est, dans la perception, "réel"; il s'offre comme la somme interminable d'une série indéfinie de vues perspectives dont chacune le concerne et dont aucune ne l'épuise. Ce n'est pas pour lui un accident de s'offrir à moi déformé, suivant le lieu que j'occupe, c'est à ce prix qu'il peut être "réel".» Merleau-Ponty, Maurice, *Le primat de la perception et ses conséquences philosophiques, précédé de «Projet de travail sur la nature de la perception» (1933) et de «La Nature de la perception» (1934)*, Paris, Verdier, 1996, p. 48.

> J'ai donc conscience de saisir par l'ouïe et surtout par la vue un système de phénomènes qui ne constitue pas seulement un spectacle privé, mais qui est le seul possible pour moi et même pour autrui, et c'est là ce qu'on appelle le réel.[31]

Le réel serait un système de phénomènes, un milieu où s'entrelacent les différents points de vue, un spectacle unique présenté à chaque conscience. Il faut comprendre que l'unité du réel est la contrepartie immédiate de l'impossibilité de le réduire à une seule perspective. C'est parce que je sais que l'objet perçu implique d'autres points de vue que le mien, que je peux poser la transcendance de l'objet sur ma perspective et, donc, son unité.

Mais alors sa description devient infinie. Plus je cherche à décrire la façon dont il m'apparaît, plus je me vois contraint de me référer à ma perspective propre et de la faire varier sans cesse. Un point de vue signale d'emblée une lacune et me reconduit à un autre et ainsi à l'infini. Là est le sens de la définition du réel comme plénitude insurpassable.

> Le «réel» est ce milieu où chaque moment est non seulement inséparable des autres, mais en quelque sorte synonyme des autres, où les «aspects» se signifient l'un l'autre dans une équivalence absolue; c'est la plénitude insurpassable: impossible de décrire complètement la couleur du tapis sans dire que c'est un tapis, un tapis de laine, et sans impliquer dans cette couleur une certaine valeur tactile, un certain poids, une certaine résistance au son. La chose est ce genre d'être dans lequel la définition complète d'un attribut exige celle du sujet tout entier et où par conséquent le sens ne se distingue pas de l'apparence totale [...] Chaque fragment d'un spectacle visible satisfait à un nombre infini de conditions et c'est le propre du réel de contracter en chacun de ses moments une infinité de relations.[32]

Pour Merleau-Ponty, le réel apparaît ainsi comme le milieu où se réalise une synthèse pourtant impossible. Dans l'instant de l'expérience, il est plénitude et unité absolue d'un ensemble de relations. Mais dès qu'il s'agit de décrire cet ensemble, la synthèse se défait, et l'on répète à l'infini des caractéristiques dont la multiplicité ne suffit pourtant jamais à saisir enfin le réel en tant que tel. La plénitude de la sensation et de l'expérience du réel est «insurpassable» par l'expression.

Et pourtant n'est-il pas étrange d'affirmer ainsi que ce «milieu» incarne le réel comme tel? Certes je perçois l'existence d'autres points de vue que le mien; mais quelle en est la nature? Ces autres perspectives que je perçois dans la mienne, je ne fais que me projeter en elles, je ne fais qu'en

31 MERLEAU-PONTY, *Phénoménologie de la perception*, *op. cit.*, p. 390.
32 *Ibid.*, p. 373.

imaginer la réalité puisque je ne les vis pas effectivement. Je sais que l'objet serait vu différemment si je me plaçais autrement, mais je ne peux qu'imaginer la nature différente de cette perception. Personne d'autre que moi ne construit l'autre perspective possible sur l'objet. Le pour autrui reste construit par le pour-soi. Dès lors, comment être certain que l'unité perçue ne relève pas aussi de constructions qui me sont propres ? Merleau-Ponty lui-même montre à plusieurs reprises que le savoir primordial de l'expérience relève inévitablement d'une présupposition. Certes, ma perception enveloppe d'autres perceptions, mais celles-ci n'ont pas d'autre texture ni d'autres caractéristiques que celles que je leur prête. C'est bien moi qui présuppose que l'objet apparaîtrait autrement à autrui, mais je ne fais que l'imaginer. Comme le dit à plusieurs reprises Merleau-Ponty, l'unité de la chose perçue demeure une «unité *présomptive*»[33].

Dans la langue française, le terme «présomptif» s'emploie généralement dans le contexte d'un héritage. On parle d'un héritier «présomptif» pour désigner celui que le lien de parenté désigne d'avance et de façon évidente comme légataire. Dans le contexte de la pensée de Merleau-Ponty, parler d'une unité présomptive plutôt que d'une unité «présumée», qui insisterait trop sur l'idée d'une croyance ou d'une hypothèse, marque la double dimension d'évidence et d'anticipation spontanée qui touche l'expérience de l'unité de la chose. Or cet aspect d'anticipation marque la possibilité que l'unité de la chose soit touchée par une forme de virtualité. «La prétendue plénitude de l'objet et de l'instant ne jaillit que devant l'imperfection de l'être intentionnel.»[34] La plénitude, tout à l'heure définie comme la marque même du réel, est à présent considérée comme une «*prétendue* plénitude». Un soupçon apparaît donc quant à son absolue réalité.

L'unité du réel ne serait-elle donc pas aussi, et paradoxalement, dépendante d'une certaine construction imaginaire ?[35] Et le perçu peut-il sans équivoque s'assimiler au réel si son unité se fonde également sur une présomption du sujet ? Peut-on, en toute rigueur, détacher le perçu des constructions imaginaires et ne voir en lui que l'expression immédiate du

33 *Ibid.*, p. 254: «L'unité du sujet ou celle de l'objet n'est pas une unité réelle, mais une unité présomptive à l'horizon de l'expérience…»; *Ibid.*, p. 368: «La chose est la plénitude absolue que *projette* devant elle-même mon existence indivise.»

34 *Ibid.*, p. 384.

35 L'immersion possible de l'imaginaire, ou plus spécifiquement du domaine onirique, dans la perception du réel a déjà été envisagée par Étienne Bimbenet. Voir Bimbenet, Étienne, «"Voir c'est toujours voir plus qu'on ne voit": Merleau-Ponty la texture onirique du sensible», in *Studia phaenomenologica*, 3-4, 2003.

réel ? La question résulte d'une tension interne à la pensée de Merleau-Ponty dans la *Phénoménologie de la perception*. D'une part s'affirme la nécessité indiscutable d'un « savoir primordial du réel » : sans cela aucun acte ni aucune pensée ne serait possible. Mais d'autre part, le savoir primordial du réel semble intrinsèquement lié à certaines présuppositions dont on ne peut pas garantir qu'elles soient exemptes de toute illusion[36]. L'expérience du réel dépendrait, elle aussi, de certaines constructions subjectives imaginaires. Le problème de l'« avant-propos » devient ainsi plus complexe qu'il n'y paraît. Peut-on vraiment considérer que le problème de la phénoménologie consiste seulement à décrire le réel immédiatement perçu ? Ne risque-t-on pas, ce faisant, de décrire autant nos propres illusions que le réel même ? Pour reprendre une expression de Merleau-Ponty, le problème est que « si nous voulons décrire le réel tel qu'il nous apparaît dans l'expérience perceptive, nous le trouvons chargé de prédicats anthropologiques. »[37]

Il faut sortir de l'ontologie du donné, que celui-ci s'incarne dans l'extériorité réaliste ou la transcendance idéaliste. Mais il semble aussi nécessaire de sortir du critère de l'évidence car celle-ci a un lien au réel tout aussi fort qu'à l'illusion. L'application de la méthode descriptive conduit à deux problèmes distincts dont Merleau-Ponty ne parvient pas vraiment à sortir dans la *Phénoménologie de la perception*. Le premier est que la méthode descriptive semble sans cesse reconduire la pensée et l'expression vers une dimension où l'imaginaire est potentiellement présent. Comment penser le réel de l'expérience si toute expression de cette dernière ne fait que reconduire à l'illusion ? Le second problème concerne également la notion d'illusion. Car si l'expérience est un savoir primordial du réel, si la distinction du réel et de l'imaginaire est toujours spontanée, comment rendre compte des phénomènes illusoires ? L'illusion ne suppose-t-elle pas que l'expérience trompe la conscience sur ce qu'elle vit ? Qu'est-ce qui distingue le réel de l'imaginaire ?

36 Merleau-Ponty, *Phénoménologie de la perception*, *op. cit.*, p. 76 : « Ainsi c'est une question de savoir si la pensée peut jamais cesser tout à fait d'être inductive et s'assimiler une expérience quelconque au point d'en reprendre et d'en posséder toute la texture. Une philosophie devient transcendantale, c'est-à-dire radicale, non pas en s'installant dans la conscience absolue sans mentionner les démarches qui y conduisent, mais en se considérant elle-même comme un problème, non pas en postulant l'explicitation totale du savoir, mais en reconnaissant comme le problème philosophique fondamental cette *présomption* de la raison. »

37 *Ibid.*, p. 369.

Le rapport de Merleau-Ponty à la philosophie transcendantale et à la phénoménologie montre qu'il a bien du mal à se détacher de l'idée selon laquelle le critère du réel s'incarne dans l'évidence. Et pourtant, une fois portée à l'expression, cette évidence côtoie manifestement les pouvoirs de l'imaginaire. Qu'il s'agisse de l'exprimer, de la construire ou de la décrire, l'évidence conduit en fait à constater l'impossibilité de saisir le réel en tant que tel; comme si nos seules prises sur l'expérience vécue consistaient à construire des ponts imaginaires vers un réel qui n'existe pas. La plénitude caractéristique du réel, le sentiment d'altérité qui l'accompagne semblent devoir rester enfermés dans la simple sensation individuelle; car une fois dits, ils se dissolvent et laissent face à un vide que seul l'imaginaire semble pouvoir combler. Même si la démarche cartésienne a ouvert la voie à une réflexion sur le réel abandonnant l'ontologie du donné, elle a simultanément fondé l'importance du critère de l'évidence dans notre approche de l'expérience. L'ambivalence de ce critère est au cœur des paradoxes de la pensée merleau-pontienne du réel; car comment nier l'évidence de l'expérience du réel lorsque nous la vivons ? Mais comment aussi maintenir la possibilité de l'illusion si l'évidence est un critère fiable de l'expérience du réel ? Pour comprendre comment Merleau-Ponty sort peu à peu de cette aporie, il faut aborder plus précisément la question de l'illusion et notamment le débat que Merleau-Ponty a sur ce point avec Sartre.

Le débat entre Merleau-Ponty et Sartre concernant le réel et l'imaginaire occupe une grande part des discussions indirectes entre les deux auteurs. Du début des années 1940 jusqu'au cours de Merleau-Ponty sur la passivité en 1955, la question du statut de l'illusion et de l'imaginaire est au cœur de leur réflexion. Dans un premier temps, Merleau-Ponty suit Sartre d'assez près. Pour distinguer le réel de l'imaginaire, Merleau-Ponty évoque une différence de structure entre l'expérience réelle et l'expérience illusoire[38]. La perception réelle se caractérise par une «plénitude insurpassable». Elle donne l'objet sous une forme éternellement

38 «La vérité de la perception et la fausseté de l'illusion doivent être marquées en elles par quelque caractère intrinsèque, car autrement le témoignage des autres sens, de l'expérience ultérieure, ou d'autrui, qui resterait le seul critère possible, devenant à son tour incertain, nous n'aurions jamais conscience d'une perception et d'une illusion comme telles. Si tout l'être de ma perception et tout l'être de mon illusion est dans leur manière d'apparaître, il faut que la vérité qui définit l'une et la fausseté qui définit l'autre m'apparaissent aussi. Il y aura donc en elles une différence de structure. La perception vraie sera tout simplement une vraie perception.» *Ibid.*, p. 341.

incomplète qui appelle sans cesse une exploration nouvelle. La « vraie » perception maintient une distance vis-à-vis de l'objet et celle-ci constitue une condition essentielle de la réalité perceptive. Concernant l'illusion, Merleau-Ponty penche d'abord pour une conception de l'imaginaire liée au néant, c'est-à-dire à une expérience sans profondeur.

> Dans l'imaginaire, à peine ai-je conçu l'intention de voir que déjà je crois avoir vu. L'imaginaire est sans profondeur, il ne répond pas à notre effort pour varier nos points de vue, il ne se prête pas à notre observation.[39]

Contrairement au réel qui s'offre sur le mode d'une conquête perpétuelle du regard et s'enfuit un peu plus à chaque fois que nous pensons le saisir, l'imaginaire incarnerait une pleine possession de l'objet, un accès sans distance, sans différence. Dans le réel, la fuite de l'objet sous le regard incite à le contourner pour en découvrir d'autres aspects, à varier les perspectives pour mieux l'observer. Dans l'imaginaire au contraire, le regard saisit pleinement son objet. Entre l'intention et ce qu'elle vise, plus de différence, mais une sorte de connivence. Seule l'intention donne corps à l'objet et ce dernier se réduit à ce que je sais de lui ou veux voir en lui. En un mot, l'altérité est réduite à néant. Dans ce passage, Merleau-Ponty différencie assez nettement réel et imaginaire : le premier est plénitude insurpassable alors que le second est sans dimension, sans distance, vide. Et la distinction repose en fait sur le type de rapport que l'individu établit à l'objet : c'est le sentiment de pouvoir faire varier les perspectives sur l'altérité appréhendée qui constituerait le critère fondamental de différenciation. Ce critère de distinction apporté par Merleau-Ponty dans la *Phénoménologie de la perception* est directement hérité de Sartre et exige donc de clarifier la relation de Merleau-Ponty à son ami sur la question du réel et de l'imaginaire.

Lorsqu'il écrit la *Phénoménologie de la perception*, Merleau-Ponty connaît très bien les théories sartriennes de *L'imagination* et de *L'imaginaire*. Il a longuement commenté *L'imagination*, reprise sartrienne des théories de Husserl, et il a lu *L'imaginaire*, publié en France en 1940. Quand il aborde, ponctuellement, la question de l'imaginaire dans l'ouvrage de 1945, Merleau-Ponty fait explicitement référence à l'auteur de *L'être et le néant*[40]. Comment se situe-t-il par rapport à cette influence ? L'enfermement de la perception dans le réel a pour conséquence un certain usage termino-

39 *Ibid.*, p. 374.
40 *Ibid.*

logique: on ne parlerait de «perception» que dans le cas d'une confrontation au réel. L'imaginaire ne pourrait prétendre au même statut parce qu'il désignerait une autre forme de rapport à l'objet, un rapport sans distance ni altérité. Sur ce point l'influence sartrienne est particulièrement sensible. On ne peut pas, selon Sartre, employer le terme de perception pour désigner la vision illusoire d'un objet; si j'imagine, je ne perçois pas, autrement dit l'image n'est pas une perception. Comment Sartre justifie-t-il et définit-il cette différence?

Dès son ouvrage intitulé *L'imagination*, Sartre dénonce «l'ontologie naïve»[41] de l'image qui consiste à la transformer en une chose. La croyance selon laquelle l'image est une représentation de la conscience repose en fait sur un paradoxe. L'intuition spontanée montre que nous différencions immédiatement l'image d'une personne de sa présence réelle. Si les représentations réelles et imaginaires étaient toutes des objets de la conscience, leur différenciation spontanée deviendrait impossible. Lorsque j'imagine Pierre et lorsque je le rencontre, la conscience est bien en rapport avec le même Pierre, mais de deux manières différentes, qui ne peuvent être confondues entre elles. Celui qui croit que l'image est un objet «dans» son esprit «ne se rend pas compte, précisément, que s'il voyait ses images, s'il les percevait comme des choses, il ne pourrait plus les distinguer des objets»[42]. Sartre avance ici ce que nous avons appelé l'argument de l'évidence et que Merleau-Ponty reprend à sa manière au début de la *Phénoménologie de la perception*. Il tente alors de montrer que l'image ne doit pas être considérée comme un contenu de conscience mais comme une structure intentionnelle singulière, distincte, dans ses caractéristiques mêmes, de toute forme de perception. L'image ne constitue pas un objet pour la conscience. Elle n'est ni une idée, ni une impression sur laquelle l'esprit travaille, mais un certain rapport que la conscience établit à l'objet en tant que tel.

Dans la lignée de Husserl, Sartre conçoit la conscience comme intentionnelle, mais, sur ce point, il radicalise la définition du fondateur de la phénoménologie: si l'on veut comprendre la conscience comme intentionnalité, autrement dit si la conscience ouvre sur autre chose qu'elle-même, il est impossible de la définir par des caractéristiques positives. Comme pure et simple ouverture, la conscience est néant et liberté; rien ne saurait la déterminer. Il s'agit là du concept de *cogito* préréflexif mis en

41 Sartre, Jean-Paul, *L'imagination*, Paris, PUF, 1965, p. 4.

42 *Ibid.*, p. 5.

place dans *La transcendance de l'ego* et repris ensuite dans *L'être et le néant.* Aux yeux de Sartre, l'idée husserlienne d'un «Ego», même transcendantal, insère dans la description de la conscience immédiate et irréfléchie la représentation d'un «je» qui est en fait le résultat d'une réflexion. Or, avant même l'idée d'un sujet, existe une forme de conscience en parfaite adéquation avec elle-même et dont aucune détermination ne peut être posée, parce que toute détermination relève déjà de la médiation. En ce sens, si la conscience est intentionnelle, si elle peut s'ouvrir dans l'immédiateté à autre chose qu'elle-même, en un mot si toute conscience est bien conscience de quelque chose, elle ne peut l'être qu'en raison de son ouverture absolue et du néant qui la caractérise. Pour Sartre, le vrai sens de la théorie husserlienne de l'intentionnalité réside dans l'établissement d'une liberté absolue de la conscience.

Comment rendre compte de la distinction réel/imaginaire à partir de là ? Sartre pose le problème en ces termes: si toute conscience est absolument libre, «comment trouver des motifs d'informer une matière en image mentale plutôt qu'en perception ?»[43] Selon Sartre, on explique la différence du réel et de l'imaginaire par deux attitudes distinctes de la conscience intentionnelle. Dans *L'imagination*, il montre que la distinction husserlienne entre synthèse passive et synthèse active, qui apparaît dans les *Méditations cartésiennes*, est une «amorce de réponse» au problème de la distinction entre le réel et l'imaginaire. Dans le cas d'une perception réelle, l'intentionnalité vise un objet construit par une synthèse passive. Au contraire, l'image (au sens sartrien de conscience imageante) est en relation avec un objet dont toute la nature se réduit à ce que la conscience a mis en lui: la synthèse est dite active, l'objet ne s'impose pas au sujet percevant ni ne fuit ses représentations[44]. Cette distinction, seulement évoquée dans *L'imagination*, prendra toute son importance dans l'ouvrage qui lui fait suite[45]. Dans *L'imaginaire*, Sartre montre en

43 *Ibid.*, p. 156.

44 *Ibid.*, p. 157. «Ainsi toute fiction serait une synthèse active, un produit de notre libre spontanéité; toute perception au contraire est une synthèse purement passive. La différence entre imagination et perception viendrait donc de la structure profonde des synthèses intentionnelles. À cette explication nous souscrivons entièrement.»

45 Sartre, Jean-Paul, *L'imaginaire*, Paris, Gallimard, 1940, p. 36. «Dans la perception, l'élément proprement représentatif correspond à une passivité de la conscience. Dans l'image, cet élément, en ce qu'il a de premier et d'incommunicable, est le produit d'une activité consciente, est traversé de part en part d'un courant de volonté créatrice.»

effet que la matière du perçu se réduit au savoir et aux représentations propres à la subjectivité. Imaginer, c'est réduire l'objet visé à ce que je sais de lui[46]. L'imagination apparaît ainsi comme la manifestation de la liberté absolue de la conscience qui peut soit accepter de se laisser envahir par une matière donnée qu'elle a le loisir d'observer, soit produire elle-même l'objet qu'elle entend viser et se complaire ainsi dans le petit monde de ses créations personnelles. Certes, comme la perception, l'image met en place une relation de la conscience à son environnement; mais l'une et l'autre se distinguent justement dans le lien qu'elles tissent avec l'objet appréhendé. Dans la perception, je peux observer l'objet, multiplier les points de vue sur lui de manière à en découvrir de nouvelles caractéristiques. Dans l'image, l'objet se donne de la même manière que dans la perception, c'est-à-dire selon une certaine perspective; mais on ne peut pas multiplier les points de vue, et si nous tentions de le faire, nous n'en apprendrions pas davantage sur l'objet. L'image donne une «connaissance» immédiate, corrélée à ma propre intention, elle ne me fait rien découvrir que je ne sache déjà et je ne trouve en elle que ce que j'y ai mis; alors que la perception offre une découverte progressive et infinie de l'objet. Le critère de l'observabilité est en fin de compte un développement de la distinction husserlienne entre synthèses passive et active.

De cette analyse découle la distinction de la perception et de l'image. Ou bien la conscience est dite perceptive, auquel cas le réel est rencontré en tant que tel, de façon immédiate, et s'offre à une exploration possible. Ou bien la conscience se rapporte au réel par la médiation d'un certain objet, dont la matière peut être psychique ou concrète, et elle crée alors un rapport imagé. Ainsi:

> Que je perçoive ou que j'imagine cette chaise, l'objet de ma perception et celui de mon image sont identiques [...] Simplement la conscience se rapporte à cette même chaise de deux manières différentes.[47]

La perception, comme chez Merleau-Ponty, constitue l'attitude qui atteint le réel immédiatement. Elle se caractérise par la possibilité de varier les points de vue sur l'objet, variation infinie qui rend le réel «observable». La structure intentionnelle de l'image ne trouve pas de résistance, elle accède à son objet dès qu'elle le pose.

46 *Ibid.*, p. 27. «En un mot, l'objet de la perception déborde constamment la conscience; l'objet de l'image n'est jamais rien de plus que la conscience qu'on en a; il se définit par cette conscience: on ne peut rien apprendre d'une image qu'on ne sache déjà.»

47 *Ibid.*, p. 19.

La perception comme l'image constituent donc des structures intentionnelles de la conscience. Cela signifie, chez Sartre, que le sujet demeure, en fin de compte, libre de distinguer le réel de l'imaginaire.

> Il n'y a pas un monde d'images et un monde des objets. Mais tout objet, qu'il soit présenté par la perception extérieure ou qu'il apparaisse au sens intime, est susceptible de fonctionner comme réalité présente ou comme image, selon le centre de référence qui a été choisi. Les deux mondes, l'imaginaire et le réel, sont constitués par les mêmes objets; seuls le groupement et l'interprétation de ces objets varient.[48]

La thèse sartrienne permet d'éviter une prise de parti arbitraire sur la définition du réel: qu'on parle des perceptions externes, liées à l'objet, ou des perceptions internes comme les idées, les pensées ou les représentations en général, toutes sont susceptibles d'être réelles ou imaginaires. Aucun privilège du matériel sur le spirituel, du concret sur l'abstrait, ni de l'idée sur le sensible, dans l'approche du réel. Ce dernier n'est rien d'autre qu'une certaine structure de l'expérience que la conscience peut non seulement identifier mais «choisir». Sur ces deux points, la théorie sartrienne a influencé celle de Merleau-Ponty: l'un et l'autre définissent le réel, non comme un monde extérieur, mais comme une dimension intrinsèque à l'expérience et immédiatement identifiable en raison de sa structure.

On comprend alors que le rôle de la conscience devient absolument fondamental chez Sartre. Car si dans sa structure même, l'expérience dévoile d'emblée le réel en tant que tel, le seul moyen de comprendre les phénomènes imaginaires consiste à poser un choix délibéré de la conscience de s'écarter de cette connaissance immédiate. Les termes employés dans la citation précédente sont sans équivoque: la conscience «choisit» la forme de relation qu'elle établit avec l'objet, soit immédiate, et elle est alors dans le mode perceptif, soit médiate et elle se perd alors dans l'imaginaire. Si elle semble parfois victime des images qu'elle élabore, si elle paraît subir les conséquences de ses propres illusions, il n'y aurait là que le résultat d'une «mauvaise foi» dont elle garderait le loisir de se prémunir. La distinction du réel et de l'imaginaire repose sur la liberté fondamentale de la conscience, qui, selon la structure intentionnelle qu'elle établit, donne naissance à deux dimensions distinctes par l'ordre et l'interprétation qu'elle crée.

48 *Ibid.*, p. 45.

Cette primauté de la conscience est intrinsèquement liée à l'existence d'un critère immédiat permettant la distinction entre une expérience du réel et une image.

> Ce qu'on est convenu d'appeler image se donne immédiatement comme telle à la réflexion. Mais il ne s'agit pas ici d'une révélation métaphysique ineffable. Si ces consciences se distinguent immédiatement de toutes les autres, c'est qu'elles se présentent à la réflexion avec certaines marques, certaines caractéristiques qui déterminent aussitôt le jugement «j'ai une image». L'acte de réflexion a donc un contenu immédiatement certain que nous appellerons l'essence de l'image. Cette essence de l'image est la même pour tout homme; la première tâche du psychologue est de l'expliciter, de la décrire, de la fixer.[49]

«Expliciter» et «décrire» ce que l'on pourrait appeler, sans trahir Sartre, un savoir primordial de l'image: tel semble être le projet philosophique de l'auteur de *La nausée.* Difficile de ne pas entendre ici l'écho de l'appel merleau-pontien à une explicitation et à une description du «savoir primordial du réel» dans l'avant-propos de l'ouvrage de 1945[50]. Tout comme la distinction du réel et de l'imaginaire s'effectue avant l'analyse réflexive chez Merleau-Ponty, l'image constitue pour Sartre un phénomène immédiatement reconnu. Si, pour l'auteur de la *Phénoménologie de la perception,* le réel incarne une dimension imposant son évidence et sa présence avant tout jugement, l'image se donne comme image à la conscience avant toute réflexion selon Sartre. Enfin, pour l'un comme pour l'autre, le projet descriptif a pour tâche de faire surgir la différence de structure des expériences réelle et imaginaire de manière à définir le critère ou les marques distinctives des deux dimensions. La seule distinction entre les deux penseurs résiderait dans le choix, finalement contingent, de considérer ce savoir immédiat par le biais du réel ou par celui de l'imaginaire, perspectives qui incarneraient les deux pendants d'un questionnement identique en son fond. Les similitudes des approches sartrienne et merleau-pontienne dans la question du réel et de l'imaginaire résident donc dans les aspects suivants: la définition de l'expérience immédiate comme

49 *Ibid.*, p. 14.

50 Nous rappelons ici le passage déjà cité de Merleau-Ponty afin de faire apparaître la similitude: «Si je peux parler de "rêves" et de "réalité", m'interroger sur la distinction de l'imaginaire et du réel, et mettre en doute le "réel", c'est que cette distinction est déjà faite par moi avant l'analyse, c'est que j'ai une expérience du réel comme de l'imaginaire, et le problème est alors non pas de chercher comment la pensée critique peut se donner des équivalents secondaires de cette distinction, mais d'expliciter notre savoir primordial du "réel".»

savoir primordial, le projet descriptif assigné à la phénoménologie du réel ou de l'imaginaire, la liaison de la perception au réel seul, la compréhension de l'imaginaire comme néant et la reconnaissance du critère de l'observabilité.

Qu'en est-il, dans ce cas, des phénomènes d'illusion ? Le primat de la conscience théorisé par Sartre permet de les penser comme un écart presque volontaire du sujet par rapport au réel perçu. On connaît à cet égard la célèbre théorie de la « mauvaise foi » qui explique comment la conscience, acceptant de se prendre au jeu des illusions qu'elle a elle-même construites, finit par se perdre et s'emprisonner au sein du monde fictif qu'elle a élaboré. Le fait que Merleau-Ponty reprenne cette théorie dans la *Phénoménologie de la perception* est néanmoins très paradoxal. D'un côté, il veut éviter l'écueil de l'idéalisme et ne peut pas logiquement souscrire à la suprématie sartrienne de la conscience. Et d'un autre côté, il reprend sans critique la distinction de Sartre entre le réel et l'imaginaire alors que celle-ci suppose justement la même suprématie de la conscience. Il y a là un problème non réglé pour Merleau-Ponty en 1945.

Est-il possible d'expliquer les phénomènes illusoires en maintenant la possibilité de distinguer immédiatement le réel et l'imaginaire au moyen d'un critère sûr (celui de l'observabilité ou tout autre critère consciemment perçu) ? Si l'on sait d'emblée dans quelle dimension l'on se trouve, comment adhérer à une quelconque illusion ? Si je suis pris par un rêve, si je poursuis des idéaux démesurés, si enfin je peux même parfois être trompé par un mirage, n'est-ce pas que ma conscience, au moins sur le moment, considère ce qu'elle perçoit comme vrai ? Le propre de l'illusion est de se masquer à la conscience qui la vit. Tant que l'on peut décrire un phénomène illusoire, lui attribuer telle ou telle caractéristique, on traduit une illusion connue et non subie. Or pour qu'elle fonctionne, l'illusion doit précisément ne pas être identifiée comme telle par le sujet. Maintenir la « réalité » du phénomène illusoire suppose que l'illusion intègre nos perceptions les plus spontanées, les plus immédiates, sans que nous en ayons conscience. Si tout est évident dans la perception, si le réel ne fait plus problème, comment puis-je un jour me leurrer au point de poursuivre des rêves irréalisables ou des chimères de toutes sortes ? Pour que l'illusion soit vraiment possible ne faudrait-il pas que l'instant vécu n'ait pas l'évidence qu'on lui prête, que le réel maintienne une certaine ambiguïté ?

Étrangement, dans la *Phénoménologie de la perception*, Merleau-Ponty a pourtant bien conscience de ces différents arguments. À plusieurs reprises, il souligne que l'illusion ne peut être possible qu'à condition de sortir de l'évidence du réel. « Si le mythe, le rêve, l'illusion doivent pouvoir être possibles, l'apparent et le réel doivent demeurer ambigus dans le sujet comme dans l'objet. »[51] Mais lorsqu'il s'agit d'expliciter la distinction du réel et de l'imaginaire, il revient alors à la distinction sartrienne de l'observabilité. Il faudra attendre quelques années pour que Merleau-Ponty prenne conscience de ce paradoxe.

En effet, dans une conférence qu'il donne peu après la publication de la *Phénoménologie de la perception*, Merleau-Ponty écrit que ses théories de 1945 enferment l'expérience dans le réel seul et qu'on ne peut en rester là dans la description des modalités de la vie perceptive.

> À considérer ce que j'ai dit, on pourrait croire qu'à mon sens l'homme ne vit que dans le réel ; or on vit dans l'imaginaire aussi, et dans l'idéal aussi ; de sorte qu'il y a une théorie à faire de l'existence imaginaire et de l'existence idéale.[52]

L'existence de phénomènes imaginaires et illusoires appelle des caractérisations nouvelles de l'expérience, voire une nouvelle conception de l'imaginaire en tant que tel. Cette remarque lucide de l'auteur vis-à-vis de ses premières théories vise directement l'idée d'un « savoir primordial du réel ». Celle-ci enclôt l'expérience vécue dans le seul domaine du réel puisque toutes les autres dimensions et catégories décrivant la vie doivent pouvoir être définies et comprises en fonction de lui. Comment, à partir de là, caractériser l'illusion ?

Cette prise de conscience le conduit à modifier ses positions, notamment dans les cours qu'il donne à la Sorbonne de 1949 à 1952. Merleau-Ponty prend un certain recul critique vis-à-vis de Sartre ; ce qui le conduit lui-même vers une autre approche de l'expérience du réel. L'auteur de *Signes* identifie une contradiction dans l'approche sartrienne ; contradiction qui reflète en réalité le paradoxe dont il était lui-même victime en 1945. Une tension apparaît entre les deux moments de l'analyse de *L'imaginaire*. Tant que l'on reste au niveau de la conscience, on peut en effet considérer que la distinction du réel et de l'illusion est évidente : j'imagine, comme je le souhaite, un objet de mon choix, sans le confondre avec la présence réelle des objets qui me font face. Mais lorsqu'il s'agit de

51 Merleau-Ponty, *Phénoménologie de la perception*, *op. cit.*, p. 340.

52 Merleau-Ponty, *Le primat de la perception et ses conséquences philosophiques, précédé de « Projet de travail sur la nature de la perception » (1933) et de « La Nature de la perception » (1934)*, *op. cit.*, p. 99.

parler d'une illusion dans laquelle le sujet se voit emprisonné, le rêve par exemple, ou tout autre type d'hallucination, Sartre ne peut faire autrement que de réintroduire une consistance de l'objet imaginé, et par là même une certaine passivité de la conscience. Merleau-Ponty remarque alors que les contradictions entre les deux parties de l'ouvrage deviennent palpables[53].

> Dans la mesure où l'auteur aborde dans la seconde partie le problème des illusions, il lui faut bien évoquer la possibilité d'une situation antérieure à la distinction claire de l'imaginaire et du perçu, qui donc remet en cause la distinction du début.[54]

Si l'on veut maintenir que l'imaginaire n'est pas le rapport de la conscience à une image dans la conscience[55], mais un certain rapport de la conscience à l'objet réel, on ne peut plus affirmer en même temps que réel et imaginaire se distinguent absolument. Il faut bien que l'imaginaire s'ouvre sur l'objet réel, et trouve une sorte de terrain commun avec lui. L'existence de ce «terrain commun» permet justement que l'illusion suspende pour un temps notre immersion dans le réel.

> Au début de son livre, Sartre a fait entre les domaines de l'imaginaire et du réel une distinction absolue. Mais nous voyons maintenant qu'elle ne peut être maintenue jusqu'au bout; au cours de son ouvrage, il révise ses conceptions et en esquisse une nouvelle.
> La distinction absolue de Sartre ne suffit pas à résoudre les problèmes de l'imaginaire. Pour que l'imaginaire puisse déplacer le réel, il ne faut pas que réel et imaginaire soient antinomiques, tranchés comme le jour et la nuit [...] Pour que l'imaginaire vaille comme réalité, il faut qu'il y ait dans le perçu une part de conjecture, d'ambiguïté. C'est cette ambiguïté commune qui permet quelquefois que l'imaginaire se substitue au réel.[56]

53 Ce point a souvent été souligné par les commentateurs. Voir par exemple: «Sartre propose dans *L'imaginaire* d'étudier dans un premier temps celui-ci d'un point de vue eidétique, au terme duquel il le fait apparaître comme ce par quoi la conscience réalise sa liberté, et dans un deuxième temps il prétend expliquer, à partir de cette eidétique, les phénomènes factuels de la conscience imaginante, qui se manifeste non pas comme libre, mais comme captive et enchaînée.» Renault, Alexandra, «Phénoménologie de l'imaginaire et imaginaire de la phénoménologie: Merleau-Ponty lecteur de Sartre et Freud», *Chiasmi international 5, Le réel et l'imaginaire*, Paris-Milan-Memphis, Vrin-Mimesis-University of Memphis, 2003, p. 155.

54 Merleau-Ponty, Maurice, *Parcours Deux, 1951-1961*, Paris, Verdier, 2000, p. 97.

55 Ce que Sartre appelait «l'illusion d'immanence».

56 Merleau-Ponty, *Psychologie et pédagogie de l'enfant, Cours de Sorbonne 1949-1952*, *op. cit.*, p. 230.

Dans cette prise de distance avec Sartre, Merleau-Ponty abandonne clairement sa propre théorie d'un savoir primordial du réel. L'illusion n'est possible qu'à condition que l'expérience ne soit pas une saisie évidente et certaine du réel. Non qu'il n'y ait pas d'évidence dans l'expérience. Mais le lien de cette évidence au réel demeure ambigu, et ce que la conscience y perçoit comme un donné immédiat peut l'ouvrir aussi bien sur le réel que sur l'imaginaire. S'il reste vrai que l'expérience se confronte au réel, cela ne signifie pas que la conscience l'identifie d'emblée, ni qu'elle puisse le saisir à travers une représentation claire. Une forme de décalage entre la conscience et l'expérience s'instaure donc ici. Pour montrer la proximité nécessaire du réel et de l'imaginaire dans la prise de conscience de ce que nous vivons, Merleau-Ponty développe plus particulièrement sa critique de la pensée sartrienne du réel et de l'imaginaire à travers l'analyse du rêve. Ce dernier apparaît comme le champ privilégié de la critique des paradoxes de la théorie sartrienne de l'imaginaire. Non seulement il constitue l'une des manifestations les plus évidentes de l'imaginaire, mais il a également été méthodiquement analysé par Sartre, ce qui permet d'engager une discussion directe avec lui.

Selon Merleau-Ponty, le concept de «mauvaise foi» resterait insuffisant dans la description des phénomènes oniriques. Comment Sartre rend-il compte du rêve ? Tout est lié pour lui à la liberté de la conscience. L'auteur de *L'être et le néant* conçoit le moment du rêve comme un abandon progressif de la conscience à ses propres constructions illusoires. Il y aurait d'abord l'entrée dans le sommeil qui exigerait une complaisance de la conscience, une acceptation de «l'état hypnagogique». Je peux encore revenir à tout moment à la vie réelle, mais je choisirais de m'abandonner à cet état imaginaire qui me fait changer peu à peu de dimension. Le sommeil et l'entrée dans le rêve seraient le résultat de l'abandon total de la conscience à cet état où elle devient, écrit Sartre, conscience captive.

Ma conscience est donc conscience de monde, j'ai projeté tout mon savoir, toutes mes préoccupations, tous mes souvenirs et jusqu'à cette nécessité d'être dans le monde qui s'impose à l'être humain, j'ai projeté tout cela, mais sur le mode imaginaire, dans l'image que je constitue présentement. Que s'est-il passé, sinon que la conscience s'est prise tout entière, elle est entrée tout entière dans le jeu et elle s'est déterminée elle-même à produire des synthèses avec toutes ses richesses, mais sur le seul mode imaginaire… Ici l'attention n'existe plus, ni son pouvoir de poser l'objet comme transcendant, la conscience se fascine sur un fourmillement d'impressions, elle les saisit comme étant tel ou tel objet en image, comme valant pour ceci ou cela, et puis, tout à coup, la voilà tout entière dans le jeu, elle appréhende ces impressions chatoyantes comme valant pour un objet qui est à l'extrême pointe d'un monde dont les contours se perdent dans la brume. Tant que le rêve durera, la conscience ne pourra se déterminer elle-même à réfléchir, elle est entraînée par sa propre chute et elle continue indéfiniment à saisir des images.[57]

Pour Sartre, l'image est le résultat d'une synthèse de représentations subjectivement construites et qui se projettent apparemment devant moi comme un film. Encore que la comparaison avec un film soit ici trompeuse puisqu'il ne s'agit pas de comprendre l'image comme un objet pour la conscience. L'image est l'attitude même de la conscience, une attitude pendant laquelle celle-ci confond totalement sa propre intention avec l'objet qu'elle vise. La transcendance de l'objet imaginaire s'efface peu à peu puisqu'il tend à se confondre avec le savoir que j'en ai. Le propre de la conscience imageante consiste à amalgamer l'intention et le savoir de l'objet[58].

Au cours du rêve se déroulerait une sorte de renversement pendant lequel la conscience abandonnerait sa liberté au profit d'une captivité choisie. Elle pourrait parfois se prendre à son propre jeu, accepter que les fictions qu'elle a créées deviennent une quasi-présence, presque une existence, et se fasciner ainsi pour ses propres créations. Elle consentirait à vivre avec ses représentations comme si elles lui étaient imposées, comme si elles émanaient de choses qui lui sont étrangères, comme si enfin elle ne les avait pas elle-même construites[59]. Le rêve serait mauvaise foi d'une conscience qui accepterait de se livrer aux règles d'un jeu dont elle est l'unique instigatrice. La conscience deviendrait la source de sa propre captivité onirique; une fois qu'elle aurait consenti à se laisser aller à son monde imaginaire, elle ne pourrait plus en sortir par un simple acte de réflexion. Elle serait capable d'annihiler sa liberté en nouant elle-même ses propres liens.

57 Sartre, *L'imaginaire, op. cit.*, p. 217.

58 «L'intention ne se définit que par le savoir car on ne se représente en image que ce qu'on sait d'une façon quelconque et, réciproquement, le savoir n'est pas ici simplement un savoir, il est acte, il est ce que je veux me représenter.» *Ibid.*, p. 116.

59 «Je puis encore réfléchir, c'est-à-dire produire des consciences de consciences. Mais, pour garder l'intégrité des consciences primaires, il faut que les consciences réflexives se laissent fasciner à leur tour, qu'elles ne posent pas devant elles les consciences primaires pour les observer et les décrire. Elles doivent partager leurs illusions, poser les objets qu'elles posent, les suivre dans la captivité. À vrai dire, il faut de ma part une certaine complaisance. Il reste en mon pouvoir de secouer cet enchantement, de faire tomber ces murailles de carton et de retrouver le monde de la veille.» *Ibid.*, p. 94.

Pour Sartre, l'entrée dans le sommeil puis dans le rêve constitue vraiment le passage d'un monde à l'autre, le passage du réel à l'imaginaire: dans le premier je rencontre l'objet et peux l'observer; les liaisons entre les choses et les êtres me sont comme imposées même si je reste libre de les interpréter; dans le second, toutes les liaisons entre les représentations sont possibles; je suis sur un théâtre dont la comédie et la tragédie n'ont pas d'autre metteur en scène que moi. Mais tout en étant l'instigateur et le créateur de cette scène, j'en deviendrais imperceptiblement le spectateur et ne serais plus libre de sortir de ce monde nouveau que j'ai créé.

Cependant, étant ainsi tout entière à son objet, comment la conscience peut-elle sortir de l'illusion ? Comment met-elle fin à son autofascination et au rêve ainsi engendré si la totalité du monde se réduit à l'illusion qu'elle est en train de vivre ? Sur ce point, Sartre invoque soit la présence d'un stimulus externe (un bruit ou une sensation quelconque) soit une fin immanente au rêve, la mort du protagoniste onirique par exemple.

> Finalement le rêve ne peut s'interrompre que pour deux motifs. Le premier, c'est l'irruption d'un réel qui s'impose...Un stimulus externe s'impose, soit parce qu'il surprend et qu'il ne peut être sur-le-champ saisi comme analogon, soit à cause de sa violence qui détermine une émotion-choc réelle, laquelle fait soudain l'objet d'une réflexion, soit à cause de la persistance de certaines consignes à travers le sommeil. Le second motif qui peut entraîner la cessation du rêve se trouve souvent dans le rêve lui-même: il se peut en effet que l'histoire révélée aboutisse à un événement qui, par lui-même, se donne comme un terme, c'est-à-dire comme quelque chose dont la suite est inconcevable.[60]

Mais on comprend mal, en fait, comment la conscience pourrait être amenée à refaire surface: si elle est tout entière absorbée par le monde imaginaire dans lequel elle s'est égarée, comment peut-elle rester ouverte à ce qui est extérieur à ce monde ? Comment le bruit entendu peut-il précisément être identifié comme un bruit étranger au rêve si le seul champ d'interprétation ouvert à la conscience est celui du monde onirique où elle se trouve ? N'y a-t-il pas une difficulté insurmontable à comprendre le passage du sommeil au réveil dès lors que l'on pose le réel et l'imaginaire comme deux mondes absolument séparés ? C'est la question que Merleau-Ponty amène en 1955 dans ses cours au Collège de France sur la «passivité».

> Donc solidité de l'état de sommeil, différence de nature avec la veille: la conscience ne peut plus se poser en face des choses et en face de soi, elle est entraînée par la

60 *Ibid.*, p. 338-339.

chute, i.e, foisonne en imaginaire; i.e le néant vaut comme être. Il suffirait d'un atome d'être pour que cela soit dévoilé, il suffirait d'un atome de réflexion, de perception, alors la conscience cesserait de s'irréaliser en conscience imaginaire. Mais comment une trace d'être s'introduit-elle ? La fiction est envoûtante, la conscience enchantée, nouée, toute dans le jeu, elle ne cherche qu'à se raconter des histoires. Donc, rien de tout cela n'est saisi comme réalité, le rêve n'est pas même pour le rêveur réalité mais pour cette raison même, et parce qu'il n'y a pas distance de lui au rêve, ni de lui au rêvant, il n'y a pas de repère qui conteste sa persuasion, le sommeil est un pseudo-monde.[61]

Le fait de radicaliser la distinction du réel et du rêve provoque en fait une impossibilité de sortir de la captivité onirique. Émerger du rêve par le biais d'un stimulus externe exigerait que réel et imaginaire conservent une sorte de frontière commune, que l'un soit encore ouvert sur l'autre. La conscience d'être emprisonné dans un monde et de vouloir en sortir ne peut exister que si la conscience d'un autre monde possible demeure. Seul le fait de connaître ces deux mondes différents et de pouvoir les «comparer» rend possible le désir de passer de l'un à l'autre. Si la captivité de la conscience est totale, elle ne peut plus interpréter les signes qu'en fonction du monde dans lequel elle se trouve. Tout entière tournée sur l'imaginaire, il n'y a plus de raison que la conscience puisse encore voir autre chose que le monde qu'elle a construit et dans lequel elle s'est enchaînée. Plus aucun signe, même ceux émanant du «réel» comme le stimulus externe, ne sera à même d'être justement interprété comme réel. L'imaginaire envahit définitivement la conscience si sa distinction radicale avec le réel est posée.

Les différents arguments de la théorie sartrienne du réveil ne permettent donc pas de comprendre qu'il y ait parfois immersion dans le réel et d'autres fois dans l'imaginaire. Les distinguer absolument revient, selon Merleau-Ponty, à s'enfermer définitivement dans l'une ou l'autre des deux dimensions.

D'où vient le réveil ? 1) Stimulus externe dit Sartre. Mais ayant réduit l'éloquence de l'imaginaire à absence du monde, comment Sartre pourrait-il concevoir qu'une conscience capable de s'incliner à ce point reste ouverte au monde auquel la structure onirique la ferme; 2) impossibilité immanente de continuer le rêve – je meurs: pas d'après; d'où: l'auto-suffisance du néant un instant compromise, hésitation, réflexion et réveil. Mais cette réflexion va être reprise de l'attitude de veille, distance à soi. Et qui fournira le repère pour cette distance, sinon structure

61 Merleau-Ponty, *L'institution. La passivité. Notes de cours au Collège de France (1954-1955)*, *op.cit.*, p.191-192.

de conscience rigide ? Or si la conscience peut se croire à ce point comment resterait-elle capable de percevoir ? Donc des deux façons, il faut que la conscience imageante garde lien avec conscience perceptive, et que le sommeil ne soit pas absence de fait de la veille et du monde.[62]

Le seul moyen de rendre compte de la sortie du rêve est de penser une proximité de la conscience perceptive et de la conscience imageante. Si l'on réserve le réel à la première et l'imaginaire à la seconde, l'argument sartrien du stimulus externe ne tient plus. La force de la critique de Merleau-Ponty consiste à montrer que la thèse de Sartre ne vaut que dans le contexte d'une proximité du réel et de l'imaginaire ; proximité que Sartre ne pense pas.

Merleau-Ponty constate en outre que cette proximité n'existe pas seulement dans le cas du sommeil. Un autre argument démontre en effet l'insuffisance de la théorie sartrienne ; celui de l'affect qui reste présent après le rêve. Cet argument, important en lui-même, devient même fondamental dans la mesure où il ouvre un autre aspect de la critique. Si l'on maintient la distinction évidente du réel et de l'imaginaire, on ne parvient plus à expliquer les affects qui succèdent parfois au rêve. Certains cauchemars restent angoissants même après le réveil, comme si l'état émotionnel conservait une dimension réelle après avoir pourtant quitté l'univers imaginaire qui lui avait donné naissance. « Il y a des rêves convaincants, impressionnants qui coexistent avec conscience de rêver, et qui même restent impressionnants après réveil. »[63] Si l'angoisse et la peur persistent dans le monde réel, n'est-ce pas en raison de la survivance d'interprétations d'origine imaginaire ? L'affect du rêve peut parfois se propager dans notre vie éveillée et influencer nos rapports aux autres, au monde, au réel en général. Le second argument de Merleau-Ponty montre la capacité de l'imaginaire à investir notre rapport avec le réel. Le rapprochement des deux dimensions dans le rêve permet un glissement de la réflexion : découvert à partir de la critique de Sartre, le lien du réel et de l'imaginaire n'apparaît pas seulement dans les phénomènes oniriques mais aussi dans la perception courante.

Veille et sommeil moins hétérogènes que Sartre ne les dit. La distinction conscience perceptive et imageante est nette en ce qui concerne un objet sensible ou un corps vivant : observable – non observable. Mais ni le rêve ni le monde éveillé ne sont faits de cela. Ils sont faits de conduites, d'événements, d'anecdotes. Et ici la distinction

62 *Ibid.*, p. 193.
63 *Ibid.*, p. 194.

de l'observable et du non observable ne s'applique certainement pas: car même dans la veille on n'observe pas un interlocuteur avant de comprendre ce qu'il dit et d'y répondre, on n'attend pas cette signification ni l'*Erfüllung* pour y croire. Notre vie réelle, en tant qu'elle s'adresse à des êtres, est déjà imaginaire. Il n'y a pas de vérification ni d'*Erfüllung* pour l'impression que nous donne quelqu'un dans une rencontre. Il y a donc un onirisme de la veille, et inversement un caractère quasi perceptif du rêve – le mythique.[64]

Le rêve et le réel apparaissent ainsi comme les deux pendants d'un même phénomène. Il y aurait un caractère perceptif du rêve et de toute illusion en général et, «inversement»[65] écrit Merleau-Ponty, un onirisme de la perception. Si nous voulons vraiment rendre compte des phénomènes illusoires, il est donc indispensable de maintenir la co-présence du réel et de l'imaginaire au sein de toutes formes d'expérience. Ce rapport chiasmatique du réel et de l'imaginaire remet en question l'établissement d'un critère distinctif entre les deux et marque l'impossibilité de leur séparation absolue.

La distinction du réel et de l'onirique ne peut être la distinction simple d'une conscience remplie par les sens et d'une conscience rendue à son vide propre. Les deux modalités empiètent l'une sur l'autre. Nos relations de la veille avec les choses et surtout avec les autres ont par principe un caractère onirique: les autres nous sont présents comme des rêves, comme des mythes, et ceci suffit à contester le clivage du réel et de l'imaginaire.[66]

Merleau-Ponty renie ici le critère sartrien de l'observabilité qu'il avait lui-même adopté quelques années plus tôt. Plus de clivage mais un empiétement des dimensions l'une sur l'autre dans l'expérience. Pour la première fois, Merleau-Ponty sort explicitement de l'argument de l'évidence. Il admet que l'expérience incarne en fait un moment d'ambiguïté entre les deux dimensions.

Pour que l'imaginaire vaille comme réalité, il faut qu'il y ait dans le perçu une part de conjecture, d'ambiguïté. C'est cette ambiguïté commune qui permet que parfois l'imaginaire se substitue au réel.[67]

64 *Ibid.*

65 On découvre ici les premières traces de la notion de réversibilité entre réel et imaginaire, notion qui n'apparaîtra que dans la dernière période de la pensée de Merleau-Ponty.

66 *Ibid.*, p. 268.

67 Merleau-Ponty, Maurice, *Psychologie et pédagogie de l'enfant, Cours de Sorbonne 1949-1952*, *op. cit.*, p. 230.

L'étude de l'onirisme montre qu'il est impossible de comprendre la relation du réel et de l'imaginaire à partir du pouvoir de la conscience. La conception sartrienne du rêve enferme le sujet dans l'imaginaire et ne permet plus de comprendre comment l'on peut s'éveiller et retrouver le monde réel. Ainsi, la description du rêve impose-t-elle de poser une proximité inconsciente du réel et de l'imaginaire. Ces derniers restent liés l'un à l'autre mais selon des modalités ou des processus qu'un regard seulement superficiel sur les phénomènes oniriques ne permet pas d'appréhender. Plus encore: la description de l'onirisme montre que les aspects imaginaires et mythiques du rêve ne sont pas l'apanage du sommeil mais se dévoilent aussi de manière atténuée dans notre rapport réel aux choses et à autrui.

La volonté de distinguer absolument le réel et l'imaginaire renvoie à des contradictions inéluctables. Tant que la distinction réel/imaginaire est posée, soit je ne vis que dans le réel, soit je ne vis que dans l'imaginaire; l'aspect ponctuel de l'illusion n'est plus pensable. Ne faudrait-il pas dès lors renoncer à l'univocité de la sensation, à sa soi-disant évidence? Ne faudrait-il pas renoncer à l'existence d'un savoir primordial du réel? Renoncer aussi à l'appréhension intuitive et évidente de l'image? La nécessité de penser à la fois une certaine évidence du réel dans le perçu et la possibilité de l'illusion ne nous orienterait-elle pas finalement vers une pensée où le réel et l'imaginaire, tout en restant distincts, seraient pourtant intrinsèquement liés?

Mais pour expliciter l'ambiguïté originelle de l'expérience, il faut introduire un champ conceptuel tout à fait neuf dans l'approche du réel. Ni la conscience, ni la représentation, ni le donné ne peuvent convenir. Il faut un contexte neuf, des principes dynamiques qui remplacent la fixité et la certitude de l'intuition ou de l'évidence. C'est pourquoi Merleau-Ponty, inspiré tout particulièrement par la psychanalyse, apporte la notion de «symbolisme». Il s'agit, dit-il, de jouer Freud contre Sartre: «Contre l'activisme de Sartre "la conscience se détermine à…"; opposer théorie du symbolisme comme pierre de touche – cf. Freud.»[68] Le symbolisme devient un aspect fondamental de la pensée de Merleau-Ponty sur le réel puisqu'il définit pour lui le «rapport exact de l'imaginaire et du réel»[69].

68 Merleau-Ponty, *L'institution. La passivité. Notes de cours au Collège de France (1954-1955)*, *op. cit.*, p. 199.

69 *Ibid.*, p. 200.

Le symbolisme charnel

Chapitre 2

L'idée d'une structuration symbolique de l'expérience est apparue très tôt dans la philosophie de Merleau-Ponty. Très tôt aussi, elle s'est présentée comme l'approche la plus pertinente pour éviter à la fois la référence réaliste à un donné ou la réduction du réel à une évidence de la pensée. Mais son élaboration précise pour comprendre les rapports du réel et de l'imaginaire a pris du temps. Dans *La structure du comportement*, la critique des conceptions réaliste et intellectualiste de l'expérience du réel conduit à dégager un champ philosophique neuf à mi-chemin entre l'idée et la chose: le champ de la structure symbolique. Celle-ci incarne d'abord le double aspect de l'expérience qui, tout en étant relative à la singularité des éléments physiologiques et biologiques qui la composent, possède également une unité de sens non réductible à la somme de ces éléments. Merleau-Ponty suit pour une grande part les conclusions de la *Gestaltpsychologie* et est tenté de recourir à la notion de «forme» pour définir la structure symbolique[1]. Il y renonce cependant, l'idée de «forme» restant encore attachée à un certain substantialisme. La *Gestaltpsychologie* rétablit parfois l'idée d'une forme en soi, d'une unité toujours déjà présente dans le réel, et renoue par là avec la présupposition réaliste d'un donné[2].

1 Merleau-Ponty, *La structure du comportement*, *op. cit.*, p. 138.

2 «Mais en parlant de formes physiques, la Gestalttheorie entend que l'on peut trouver des structures *dans* une nature prise en soi, pour en constituer l'esprit. Or les mêmes raisons qui discréditent la conception positiviste des lois discréditent aussi la notion de forme en soi. On ne corrige pas l'une par l'autre, et ces deux

Merleau-Ponty se tourne alors vers Goldstein et la notion d'«attitude catégoriale»[3], plus à même de traduire le double aspect de l'expérience. De ce concept, Merleau-Ponty retient surtout le dynamisme qu'il suppose. Goldstein définit l'attitude catégoriale comme «la connaissance qui *glisse* de la compréhension conceptuelle entre les choses vers une appréhension plus intuitive et concrète».[4] Il élabore ce concept en l'opposant à l'«attitude concrète», comportement pathologique où le sujet n'est plus à même de considérer un objet selon son concept général ou comme le représentant d'une classe ou d'un groupe. À partir de l'étude des aphasies, Goldstein constate que l'incapacité de certains patients à identifier et à nommer une même couleur sous des nuances différentes, s'explique par une altération de l'attitude catégoriale. Le patient est enfermé dans la singularité de la situation dans laquelle l'objet lui apparaît et ne peut plus prendre de distance par rapport à lui. Dans l'attitude concrète, l'expérience est une situation purement pratique qui a perdu toute dimension d'abstraction et de sens. L'attitude catégoriale implique au contraire une conception de l'expérience comme originellement symbolique.

L'attitude catégoriale reste toutefois cantonnée à l'étude psychologique. Or Merleau-Ponty élabore une théorie plus générale de l'expérience. À travers cette notion, ce n'est donc pas seulement vers Goldstein qu'il se tourne, mais aussi vers Cassirer. L'auteur de la *Philosophie des formes symboliques* a en effet repris et radicalisé le concept d'«attitude catégoriale» pour l'étendre à toute expérience en général[5]. Cassirer considère le symbole comme l'ensemble des phénomènes où un donné sensible est immédiatement lié à la présence d'un sens[6]. Le mouvement qui conduit de l'intuition réaliste de l'objet au processus intellectualiste de la conceptualisation est ce

dogmatismes méconnaissent le sens vivant des notions de structure et de loi dans la conscience scientifique.» *Ibid.*, p. 151.

3 Au sujet du concept d'«attitude catégoriale» chez Merleau-Ponty, on consultera l'analyse très précise et convaincante d'Étienne Bimbenet dans son livre *Nature et Humanité*. Voir Bimbenet, Étienne, *Nature et Humanité, le problème anthropologique dans l'œuvre de Merleau-Ponty*, Paris, Vrin, 2004, p. 61-93.

4 Goldstein, Kurt, «L'analyse de l'aphasie», in *Selected Papers/Ausgewählte Schriften*, Aron Gurwitsch et Martinus Nijhoff (éds), La Hague, 1971, p. 323. Nous soulignons.

5 À ce sujet, voir Philonenko, Alexis, *L'école de Marbourg*, Paris, Vrin, p. 181.

6 Le symbole recouvre «la totalité des phénomènes dans lesquels de façon ou d'autre, se présente un "remplissement" par les sens du sensible, c'est-à-dire dans lesquels un donné sensible, selon le mode de son existence et de son essence, se représente en même temps comme particularisation et comme concrétisation, comme manifestation et comme incarnation d'un sens». Cassirer, Ernst, *La philosophie des formes symboliques*, t. III, trad. de Claude Fronty, Paris, Minuit, 1972, p. 112.

que Merleau-Ponty retient de l'attitude catégoriale dans l'ouvrage de 1942. La conscience n'est ni fondement absolu ni pure passivité mais possède un double mouvement. Merleau-Ponty illustre ce dernier en comparant le rapport à l'outil dans le travail humain et le travail animal (celui d'un singe en l'occurrence). Alors que l'animal reste prisonnier d'un certain nombre de conduites et limité par son milieu, qu'il ne peut avoir vis-à-vis de l'outil qu'un nombre restreint de comportements et de réactions, la capacité symbolique de l'homme lui permet de multiplier les rapports à l'objet et de développer, à partir de là, de nouvelles possibilités dans son rapport au monde[7]. Par l'attitude catégoriale, l'homme peut faire varier le sens d'une même situation donnée afin de s'en distancier. D'une part, l'expérience apparaît comme l'évidence d'un donné sensible qui semble imposer sa nature et déterminer la conscience. D'autre part, la conscience sait que la nature du donné est indissociable du sens qu'elle voit en lui; elle peut donc se distancier de la détermination que le donné représente en transformant le sens qu'elle lui prête. À travers la notion d'attitude catégoriale, Merleau-Ponty pose donc les germes d'une conception de l'expérience comme originellement symbolique.

Cependant, l'adoption de l'argument de l'évidence dans la *Phénoménologie de la perception* transforme le rapport de l'expérience à la fonction symbolique. Celle-ci perd sa dimension originaire et devient un phénomène second par rapport à l'appréhension immédiate du réel. La *Phénoménologie de la perception* réalise un changement de point de vue par rapport à *La structure du comportement*. Merleau-Ponty n'observe plus l'expérience selon le regard du «spectateur étranger» mais décide de la décrire de l'intérieur et d'expliciter le vécu immédiat qu'elle représente. Cette description le conduit à mettre en avant l'existence d'un «savoir primordial du réel» qui précède tout acte de la conscience, y compris celui relatif à la formation des structures symboliques. En ce sens l'expérience du réel précède sa

7 «Le sens du travail humain est donc la reconnaissance, au-delà du milieu actuel, d'un monde de choses visible pour chaque Je sous une pluralité d'aspects, la prise de possession d'un espace et d'un temps indéfinis, et l'on montrerait aisément que la signification de la parole ou celle du suicide et de l'acte révolutionnaire est la même. Ces actes de la dialectique humaine révèlent tous la même essence: la capacité de s'orienter par rapport au possible, ce que nous appelions plus haut avec Goldstein l'attitude catégoriale. Ainsi la dialectique humaine est ambiguë: elle se manifeste d'abord par les structures sociales ou culturelles qu'elle fait apparaître et dans lesquelles elle s'emprisonne. Mais ses objets d'usage et ses objets culturels ne seraient pas ce qu'ils sont si l'activité qui les fait paraître n'avait aussi pour sens de les nier et de les dépasser.» MERLEAU-PONTY, *La structure du comportement*, *op. cit.*, p. 190.

traduction symbolique et le problème change: il ne s'agit plus d'analyser le fonctionnement immédiat de la structure symbolique, mais de savoir à quelles conditions celle-ci peut exprimer, c'est-à-dire manifester, au sein d'un champ intersubjectif, l'évidence primordiale du réel. Le problème récurrent de la *Phénoménologie de la perception* consiste à savoir comment peut surgir l'idée d'un réel commun à partir de la singularité subjective de l'expérience. La notion d'expression bouleverse donc la compréhension du rapport entre l'expérience du réel et la fonction symbolique. Elle fait de cette dernière une dimension secondaire par rapport au réel[8].

Toutefois, nous avons montré que l'idée d'un «savoir primordial du réel» restaurait le préjugé d'une donation originaire. L'expression, comme fonction secondaire et descriptive, retrouvait un certain nombre de préjugés imaginaires et renouait finalement avec l'écueil subjectiviste propre aux philosophies réaliste et intellectualiste. Toute théorie qui fait du réel un objet de l'expression retrouve le dualisme illusoire de la pensée objective. Une nouvelle approche du réel et de l'imaginaire est donc indissociable d'une redéfinition de l'expression et de la fonction symbolique. L'expérience n'est plus un «savoir primordial du réel»; elle est d'emblée expression, celle-ci se définissant comme un «symbolisme» fondamental.

À partir des années 1950, Merleau-Ponty parle plus volontiers de «symbolisme» que de fonction symbolique. Sans doute est-il possible de voir dans ce changement d'usage la marque d'une approche inédite et de nouvelles influences. Alors que la définition de la fonction symbolique se fonde essentiellement sur Cassirer, celle du symbolisme ouvre un champ nouveau où la conception saussurienne du signe, la psychanalyse et la littérature deviennent fondatrices. Peut-être même peut-on voir dans l'idée du symbolisme une référence plus ou moins consciente aux œuvres de Rimbaud et Mallarmé qui vont acquérir un statut tout particulier dans la recherche nouvelle de Merleau-Ponty. Mais quoi qu'il en soit de ces interprétations, il est certain que l'approche de la structure symbolique de l'expérience se transforme. L'influence de Ernst Cassirer se fait moins

8 Nous rejoignons ici, en partie, la thèse de Kasuo Masuda. Celui-ci montre qu'un renversement du rôle de la fonction symbolique a lieu entre les ouvrages de 1942 et 1945. D'une structure première de l'expérience, la fonction symbolique serait passée à une fonction seconde, fondée sur l'expérience positive du réel. Nous reviendrons sur cet article dans les pages qui suivent. Voir «La dette symbolique de la *Phénoménologie de la perception*», dans *Merleau-Ponty. Le philosophe et son langage*, Paris, Vrin, 1993, p. 225-243.

sentir et d'autres notions, qui ont toutes en commun de refuser le primat de la conscience et le réalisme de l'objet, deviennent fondamentales : le diacritique[9], l'institution[10] et l'inconscient[11]. Nous laisserons pour l'instant de côté la notion d'inconscient puisque nous y reviendrons longuement un peu plus tard. Mais n'oublions pas qu'elle participe de la même volonté de sortir des catégories du réalisme par l'établissement d'un symbolisme originaire.

La théorie du « diacritique » constitue une révolution dans la pensée de Merleau-Ponty et notamment dans son approche du réel et de l'imaginaire. Le terme « diacritique » désigne la manière dont Merleau-Ponty comprend la théorie saussurienne de la signification. Le signe ne signifie plus par référence à un signifié stable et donné, mais par le rapport qu'il entretient avec un autre signe. On sait que cette interprétation de la théorie saussurienne du signe par Merleau-Ponty se révèle peu rigoureuse. D'abord le terme diacritique n'apparaît pas chez Saussure ; ensuite Merleau-Ponty ne suit pas les distinctions précises entre langue, parole et langage que le linguiste effectue. Enfin, le rapport de différenciation que Merleau-Ponty nomme diacritique ne concerne pas le signe chez Saussure, mais la signification ou le phonème. Il est donc clair que Merleau-Ponty ne suit pas la lettre de la théorie saussurienne.

9 À plusieurs reprises, et notamment, comme nous le verrons, dans les cours qu'il donne sur le langage durant les années 1952-1954, Merleau-Ponty associe la notion de diacriticité qu'il développe au début de *Signes* à la structure symbolique de l'expérience perceptive.

10 En effet, l'idée d'institution est, elle aussi, liée à celle d'un système diacritique, à une matrice symbolique originelle. « L'institution est […] l'établissement d'un système de distribution des valeurs ou des significations, système qui est *pratiqué* comme le système phonématique d'une langue (principes de discrimination), mais qui n'est pas acquis notionnellement, parce que le notionel est toujours du positif, et que le diacritique est toujours plus profond. » MERLEAU-PONTY, *L'institution. La passivité, Notes de cours au Collège de France (1954-1955)*, *op. cit.*, p. 60.

11 Nous nous contentons pour l'instant de reproduire sans l'expliquer une citation des cours sur la *Passivité* où Merleau-Ponty affirme explicitement que l'apport fondamental de la notion d'inconscient réside pour lui dans l'instauration d'un symbolisme primordial de l'expérience. « Mais la discussion de l'inconscient freudien reconduit d'ordinaire au monopole de la conscience : on le réduit à ce que nous décidons de ne pas assumer, et, comme cette décision nous suppose au contact du refoulé, l'inconscient n'est plus qu'un cas particulier de la mauvaise foi, une hésitation de la liberté imageante. On perd ainsi de vue ce que Freud a apporté de plus intéressant, – non pas l'idée d'un second "je pense" qui saurait ce que nous ignorons de nous, – mais l'idée d'un symbolisme qui soit primordial, originaire […]. » *Ibid.*, p. 268.

Cette prise de distance interprétative a parfois suscité l'incompréhension et a empêché de saisir l'apport philosophique de Merleau-Ponty. Certains commentateurs ont cru que celui-ci cherchait à apporter une théorie linguistique nouvelle et ne pouvaient donc que s'offusquer d'un tel manque de rigueur[12]. Mais il est clair que Merleau-Ponty cherche en Saussure la solution à un problème qui ne se limite pas à la science du langage. Merleau-Ponty s'attache plus à la démarche d'un philosophe qu'à la littéralité de sa doctrine. Et précisément, il trouve chez Saussure:

> Un *moyen méthodique* de discriminer les signes entre eux, et de construire ainsi un univers de langage, dont nous disons par après [...] qu'il exprime un univers de pensée, alors qu'il lui donne existence dans le monde et arrache seul au «caractère transitif de phénomènes intérieurs un peu d'action renouvelable et d'existence indépendante».[13]

Autrement dit, Merleau-Ponty voit dans Saussure un paradigme de discrimination des signes qui permet de comprendre comment un vécu singulier s'extériorise sous une forme intersubjective. L'ensemble du problème de l'expression, qui articulait la recherche de la *Phénoménologie de la perception*, trouve donc dans ce paradigme une perspective d'explication nouvelle. La théorie diacritique consiste essentiellement en une remise en question du statut de l'expression.

On remarque d'abord que Merleau-Ponty, dans *Signes*, ne limite pas la structure diacritique au seul domaine verbal. «Ce sens naissant au bord des signes, cette imminence du tout dans les parties se retrouvent dans toute l'histoire de la culture»[14], écrit-il. Tout comme le rapport structural des signes devient une manière de comprendre le sens du langage, le diacritique permet d'expliquer un certain nombre de révolutions artistiques et historiques. Le texte de *Signes*, intitulé «Le langage indirect et les voix du silence», en développe plusieurs. En architecture, par exemple: la révolution perspective enclenchée par la construction de la coupole de Brunelleschi à Florence ne marque pas le passage d'une vision de l'espace à une autre[15], car ce serait croire qu'il existe un espace en soi sur lequel se déclineraient les perspectives. Elle montre au contraire que l'espace n'est pas un réel donné mais une énigme, qu'il n'est pas le support de

12 Voir par exemple la polémique qui opposa Ghyslain Charron à Pierre Martin dans la revue *Philosophiques*, vol. 3, n° 2, 1976, p. 255-278.

13 Merleau-Ponty, Maurice, *La prose du monde*, Paris, Gallimard, 1969, p. 45.

14 Merleau-Ponty, Maurice, *Signes*, Paris, Gallimard, 1960, p. 66.

15 *Ibid.*, p. 66.

l'édifice construit, mais ce qui surgit par la configuration de l'édifice. En cela l'architecture n'est pas seulement adaptation au réel mais aussi construction de ce dernier. En peinture, le phénomène diacritique devient également fondamental; il ne s'agit plus de penser la Renaissance comme l'époque de la seule représentation d'un réel donné[16]. Elle ne traduit pas une perception toute faite du réel mais réinvente au contraire les modalités de la perception par le rapport nouveau qu'elle établit entre les éléments du tableau: les objets bien sûr, mais aussi les lignes et les couleurs qui le constituent. L'adaptation, la représentation, la traduction et la description, tous ces paradigmes qui supposent la présence d'un réel donné sont désormais mis à mal par la découverte du diacritique. Il faut alors comprendre l'enjeu de l'extension du phénomène diacritique à l'ensemble de la culture. Lorsque Merleau-Ponty découvre l'importance du fonctionnement symbolique, il ne découvre pas seulement une nouvelle structure du langage, mais une nouvelle structure de l'expérience.

Cette dernière n'est donc plus une évidence positive, ni même l'appréhension d'un savoir primordial du réel, mais une structure expressive, un agencement d'éléments qui ne trouvent de signification que dans leur différence. Les recherches que Merleau-Ponty effectue pour son enseignement des années 1952-1954 vont dans le même sens. Les notes préparatoires sur *Le monde sensible et le monde de l'expression* montrent que le diacritique n'est pas un phénomène réservé au langage, mais le propre de la perception:

> Perception diacritique
> Percevoir une physionomie, une expression, c'est toujours user de signes diacritiques, de même que réaliser avec son corps une gesticulation expressive. Ici chaque signe n'a d'autre valeur que de le différencier des autres, et des différences apparaissent pour le spectateur ou sont utilisées par le sujet parlant qui ne sont pas définies par les termes entre lesquels elles ont lieu, mais qui au contraire les définissent. Avoir un corps comme capable de gesticulation expressive ou d'action ou avoir un système phonématique comme capacité de construire des signes, c'est la même chose.[17]

16 «La perspective est beaucoup plus qu'un secret technique pour imiter une réalité qui se donnerait telle quelle à tous les hommes; elle est l'invention d'un monde dominé, possédé de part en part dans une synthèse instantanée dont le regard spontané nous donne tout au plus l'ébauche quand il essaie vainement de tenir ensemble toutes ces choses dont chacune le veut en entier.» *Ibid.*, p. 81.

17 Merleau-Ponty, Maurice, *Le monde sensible et le monde de l'expression*, Genève, MētisPresses, 2011, p. 203-204.

L'expression ne se réfère plus à un «donné» préalable qu'elle devrait manifester. Le perçu n'est plus un vécu positif, mais une structure symbolique. Définir ce symbolisme de l'expression est l'une des finalités principales des cours consacrés au monde de l'expression[18].

Dans ce cadre, le réel ne peut plus être caractérisé comme une dimension positive, définissable en soi. Il perd le statut d'évidence originaire qu'il avait dans la *Phénoménologie de la perception* et apparaît plutôt comme une dimension intrinsèquement liée à l'expression. Si le perçu est d'emblée expressif, c'est-à-dire incarne une dimension immédiatement symbolique, Merleau-Ponty doit modifier sa conception du réel et de l'imaginaire. Le réel n'étant plus premier, il n'est plus possible de considérer le signe comme son doublet, ni l'imaginaire comme une construction associant arbitrairement des «débris du réel»[19]. L'expression, en tant que structure symbolique, fait partie intégrante de la détermination du réel perçu; et comme elle fonctionne de manière diacritique, elle ne peut pas désigner le réel, mais seulement le porter au jour par la mise en évidence d'une différence avec son autre, c'est-à-dire, en l'occurrence, l'imaginaire.

La théorie diacritique d'un symbolisme originaire rend néanmoins la définition du réel très énigmatique. Elle amène un problème que Merleau-Ponty formule de façon particulièrement claire dans «Le langage indirect et les voix du silence»:

> Le problème de savoir comment on peut communiquer sans le secours d'une Nature préétablie et sur laquelle nos sens à tous ouvriraient, comment nous sommes entés sur l'universel par ce que nous avons de plus propre.[20]

Si le réel n'est plus la «Nature» avec un grand N, autrement dit cette réalité donnée constituant le terrain commun de nos expériences, comment puis-je encore parler du réel? La théorie diacritique de l'expérience ouvre une nouvelle problématique: qu'est-ce que le réel s'il n'est pas un donné commun? Comment le réel peut-il surgir dans et par l'expression?

Le fait que l'expression fasse partie de la détermination du réel perçu conduit Merleau-Ponty vers l'idée que l'expérience du réel est *instituée*. Il ne faut pas ici se méprendre sur la notion d'institution et croire qu'elle implique une constitution subjective du réel. Ce serait revenir à l'idéalisme.

18 *Ibid.*, p. 45.
19 Merleau-Ponty, *Phénoménologie de la perception*, *op. cit.*, p. 413.
20 Merleau-Ponty, *Signes*, *op. cit.* p. 84.

Or l'institution a précisément pour but d'éviter l'écueil de la référence à un sujet transcendantal[21]. Tout comme le diacritique, elle définit une interprétation de l'expérience en fonction d'un symbolisme originaire (une «matrice symbolique»[22]); mais le propre de ce symbolisme est de permettre simultanément la présence du réel et de l'imaginaire dans l'expérience. En quoi l'institution précise-t-elle la relation entre la nature symbolique de l'expérience et son ouverture au réel?

Avant les cours de 1954 qui lui sont consacrés, la notion d'institution apparaît déjà dans un passage des *Aventures de la dialectique*.

> Pour comprendre à la fois la logique de l'histoire et ses détours, son sens et ce qui résiste en elle au sens, il leur restait à concevoir son milieu propre, *l'institution,* qui se développe non pas selon des lois causales, comme une autre nature, mais toujours dépendamment de ce qu'elle signifie, et non pas selon des idées éternelles, mais en ramenant plus ou moins sous sa loi des événements fortuits à son égard, en se laissant changer par leurs suggestions. Déchirée par toutes les contingences, réparée par le geste révolutionnaire des hommes qui sont pris en elle et veulent vivre, la trame ne mérite ni le nom d'esprit ni celui de matière, mais justement celui d'histoire. Cet ordre des choses qui enseigne des rapports entre personnes, sensible à toutes les pesantes conditions qui le rattachent à l'ordre de la nature, ouvert à tout ce que la vie personnelle peut inventer, c'est, en langage moderne, *le milieu du symbolisme...*[23]

L'institution se définit par un mouvement dont le déterminisme causal et l'idéalisme ne peuvent pas rendre compte. Dans l'expérience de l'histoire apparaissent à la fois la dimension imaginaire et créative des décisions humaines et la résistance du réel à nos conceptions symboliques. L'instauration d'un sens, qui n'a rien de commun avec un processus causal déterminant de haut la condition des hommes, ni avec une idée absolue qui régirait un progrès d'avance fixé, repose sur la présence simultanée d'un non-sens, d'une forme d'altérité insaisissable par les signifiants que

21 «On cherche ici dans la notion d'institution un remède aux difficultés de la philosophie de la conscience. Devant la conscience, il n'y a que des objets constitués par elle. Même si l'on admet que certains d'entre eux ne le sont "jamais complètement" (Husserl), ils sont à chaque instant le reflet exact des actes et des pouvoirs de la conscience, il n'y a rien en eux qui puisse la relancer vers d'autres perspectives, il n'y a, de la conscience à l'objet, pas d'échange, pas de mouvement.» Merleau-ponty, *L'institution. La passivité. Notes de cours au Collège de France (1954-1955), op.cit.*, p.123.

22 *Ibid.*, p.45.

23 Merleau-Ponty, Maurice, *Les aventures de la dialectique*, Paris, Gallimard, 1955, p.93-94. Nous soulignons.

nous tentons de lui imposer. Les perspectives imaginaires qui établissent un ordre apparemment logique et attendu dans les événements de l'histoire, font face à une forme d'adversité et de contingence où le réel se révèle à nouveau. Mais il est essentiel de comprendre que le surgissement du réel est absolument interdépendant de la perspective imaginaire; non parce qu'il se confond avec elle, mais parce que sans elle il ne se révélerait justement pas *comme résistance*. L'institution crée l'histoire à travers le sens, sans néanmoins abolir la contingence. Le devenir reste aux mains des hommes mais il ne se réduit pas aux finalités qu'ils posent. Comme Merleau-Ponty l'écrit dans les cours de 1954, l'«institution» suppose un sujet à la fois institué et instituant, actif et passif. Il y a «activité» au sens où le sujet est bien instituant par ses actes et ses projets, mais aussi «passivité» parce qu'il est toujours déjà dans une situation dont la nature lui échappe et qui le détermine en partie.

L'institution se caractérise donc par un double mouvement que Merleau-Ponty désigne tantôt par un mécanisme de projection et d'introjection, tantôt par le couple de termes anticipation/régression dans les cours de 1954. Dans les deux cas, il s'agit de présenter l'institution comme le moment de croisement entre ces deux tendances: celle, subjective, qui anticipe l'avenir dans l'imaginaire, et celle, réelle, qui pose une «adversité» mystérieuse à nos fantasmes et à nos actes. Cette résistance est une forme de désillusion puisqu'elle révèle à nos présomptions leur caractère infondé et restaure la contingence là où nous aurions aimé voir de la nécessité. Mais en même temps, il semble que cette résistance n'entrave pas une dimension de créativité puisque dans ce processus naissent nos catégories conceptuelles, nos significations communes, en un mot une culture et une humanité. Le double mouvement de l'institution, dont les deux pendants actif et passif, imaginaire et réel, sont absolument indissociables, nous inviterait à définir l'expérience du réel comme une «désillusion créatrice».

Ainsi, écrit Merleau-Ponty, «l'institution est *réelle* et jamais finie»[24]. Elle définit une expérience ouverte (en raison de la béance créée par le réel) et, en raison de cette ouverture, liante.

> L'institution au sens fort, c'est cette matrice symbolique qui fait qu'il y a ouverture d'un champ, d'un avenir selon des dimensions, d'où possibilité d'une aventure commune et d'une histoire comme conscience.[25]

24 Merleau-Ponty, *L'institution. La passivité. Notes de cours au Collège de France (1954-1955)*, *op. cit.*, p. 61. Nous soulignons

25 *Ibid.*, p. 45.

Ainsi, dans l'institution se développe un mouvement symbolique qui articule le réel et l'imaginaire. Cette articulation nous montre que pour atteindre une altérité quelconque, il nous faut en anticiper la nature, la poser comme un objet imaginaire à atteindre. Le moment où la désillusion sur cet objet se réalise, la «régression» dans le réel n'est pas régression au sens d'un échec, puisque c'est précisément en raison de l'impossible atteinte de l'objet imaginaire, construit de toutes pièces à travers nos fantasmes, que nous prenons conscience de son altérité véritable, de sa résistance à nos prises, autrement dit de son incommensurabilité avec tout ce que nous sommes. Il faut anticiper dans l'imaginaire la nature du réel pour en éprouver la résistance et en faire l'expérience. Merleau-Ponty confirme d'ailleurs dans *Signes* que «la fonction symbolique doit toujours être en avance sur son objet et ne trouve le réel qu'en le devançant dans l'imaginaire.»[26] L'institution «a donc double face»[27] puisqu'elle permet de penser à la fois l'aspect instituant de l'expérience individuelle et sa dimension toujours déjà instituée par le réel.

Dans ses cours de 1954, Merleau-Ponty applique la notion d'institution à plusieurs domaines tels que la littérature, l'art, la psychologie ou l'histoire pour montrer sa polyvalence et sa fécondité dans la compréhension des expériences courantes. Mais comme pour la notion de diacritique, l'institution reste au fond un modèle interprétatif de l'expérience. Elle apparaît un peu *ad hoc* et Merleau-Ponty ne justifie pas son insertion dans l'expérience. Certes le symbolisme qu'elle incarne permet de décrire l'expérience du réel indépendamment de la référence à un donné ou à l'évidence. Mais au nom de quoi aurait-elle plus de valeur qu'un autre modèle interprétatif? La critique de l'ontologie du donné et de l'argument de l'évidence montre que l'expérience du réel exige une autre approche de l'expérience; mais elle ne prouve pas que cette autre approche est précisément celle du symbolisme originaire, du diacritique ou de l'institution. Pour sortir la théorie du symbolisme de son côté «arbitraire», il faudrait montrer qu'il n'est pas seulement une structure formelle plaquée sur l'expérience mais que l'expérience elle-même suppose, pour se réaliser, une structuration symbolique. Or c'est précisément ce que Merleau-Ponty cherchera à prouver avec l'idée de chair ou de symbolisme charnel puis de réversibilité. Comment cette théorie du symbolisme originaire du réel

26 Merleau-Ponty, *Signes, op. cit.* p. 198.

27 Merleau-Ponty, *L'institution. La passivité. Notes de cours au Collège de France (1954-1955), op. cit.*, p. 46.

et de l'imaginaire acquiert-elle donc sa légitimité théorique ? Et comment parvient-elle à rendre compte de l'expérience du réel ?

Les derniers travaux de Merleau-Ponty sur la «Nature» ainsi que son rapport à la psychanalyse et à la psychologie permettent de comprendre la légitimité de l'approche symbolique de l'expérience. Comprendre le surgissement du réel à partir du symbolisme ne signifie pas que la structure mise en évidence n'est qu'un modèle d'explication formel appliqué du dehors à l'expérience. Le symbolisme est profondément ancré dans le corps et dans ce qu'il vit. Le premier témoignage d'un tel lien entre le corps et le symbolisme réside dans les approches critiques des théories de l'École américaine de psychobiologie par Merleau-Ponty. Ce dernier montre la relation étroite entre l'imaginaire et la libido et développe à partir de là une théorie de l'imaginaire du corps.

Merleau-Ponty tente de prouver la pertinence de l'approche structurale de l'expérience à partir des recherches de Georges Ellet Coghill[28] et Arnold Gesell[29], deux scientifiques appartenant à l'École américaine de psychobiologie[30]. Particulièrement influente dans la première moitié du 20e siècle aux États-Unis, l'école réunissait de nombreux neurologues, anatomistes et physiologistes. Leurs recherches biologiques, quoique différentes, étaient animées des mêmes convictions fondamentales. Elles mêlaient notamment une théorie du corps à une théorie du progrès culturel, politique et moral. Structure et fonction de l'organisme étaient conçues comme une unité interdépendante dans la vie de l'individu. Chaque complexification de la structure du corps était simultanément perçue comme une évolution du comportement. Pour ces chercheurs, l'évolution incarnait un processus d'adaptation à l'environnement non seulement d'un point de vue naturel et biologique, mais aussi d'un point de vue culturel et social. Plus l'organisme se développait, plus on considérait qu'il favorisait le progrès éthique de l'homme.

L'approche de l'École américaine présente très clairement des dérives eugénistes possibles que Merleau-Ponty ne pouvait pas partager. L'intérêt du philosophe français pour ces travaux est donc sélectif. On remarque en particulier que l'interaction corps/esprit impliquée par la psychobiologie

28 Anatomiste américain (1872-1941).

29 Psychologue et pédiatre américain (1880-1961).

30 Pour la description que nous donnons de cette école voir : WEIDMAN, Nadine M., *Construction de la psychologie scientifique. Karl Lashley et la controverse sur l'esprit et le cerveau*, trad. de Françoise Parot, Bruxelles, De Boeck, 2001.

lui permet de préciser sa propre approche de l'entrelacement symbolique. Merleau-Ponty ne conserve pas l'idée d'un progrès attaché au développement du corps, ni celle selon laquelle la politique ou la morale pourraient être évaluées en fonction d'un développement plus ou moins complexe de l'organisme. Pour lui, la nature du symbolisme ne peut pas être comprise au seul regard de la structure du corps. En revanche, sans prendre partie sur des questions de valeurs, il s'inspire du rapport établi par l'École américaine entre la structure du corps et la dimension symbolique pour montrer que l'imaginaire peut avoir sa source dans certaines pulsions de l'organisme.

Merleau-Ponty s'intéresse d'abord aux travaux de Coghill, anatomiste qui enseigna dans plusieurs universités américaines et notamment, en fin de carrière, à l'Institut Wistar d'anatomie et de biologie de Philadelphie. Coghill est l'un des représentants les plus emblématiques de l'École américaine de psychobiologie et en incarne vraiment les principes fondamentaux. Pour lui, l'organisme se développe toujours comme une totalité intégrée. Les changements de comportements doivent apparaître en même temps que des changements de structure du corps. Coghill croit également en une continuité de l'activité prénerveuse et nerveuse et ne sépare donc pas l'activité inconsciente de la mentalisation consciente. Ces principes vont le conduire à poser l'existence d'une certaine image dans l'organisme, laquelle aura pour rôle d'orienter le développement futur du corps. C'est ce point qui retient vraiment l'attention de Merleau-Ponty.

Coghill s'est surtout intéressé à une espèce de lézard qui vit dans l'eau durant quelque temps puis qui, une fois en possession de ses quatre pattes, se développe sur terre. Il a étudié plus particulièrement l'évolution du comportement moteur du lézard et essayé de comprendre les différentes phases de son développement en fonction du milieu auquel le corps de l'animal s'adapte. Le problème consiste à comprendre comment l'organisme acquiert les capacités de mouvements complètement différents (la marche ou la nage) alors que son système nerveux ne semble pas pouvoir les lui permettre initialement. Coghill constate qu'à chaque changement de milieu correspondent dans l'animal une complexification du système nerveux et une nouvelle possibilité de mouvement. Mais l'augmentation des articulations nerveuses n'est en elle-même pas suffisante pour expliquer toute l'évolution du comportement moteur. Car il ne s'agit pas seulement de comprendre comment la transformation des capacités motrices est possible mais comment elle se produit exactement au moment où le lézard change de milieu de vie. Coghill pense alors que la possibilité du mouvement de la marche succédant à celui de la nage est déjà «envisagée» par le système nerveux. Tout se déroulerait «comme si» ce dernier connaissait déjà les capacités encore virtuelles de l'organisme; «comme si» chaque phase du développement se réalisait en fonction d'une certaine image anticipée de l'organisme total.

On comprend toutefois que prêter la formation d'une telle image au système nerveux ne ferait que reporter le problème. Car le système nerveux se développe également et le rythme de ses transformations doit lui aussi pouvoir être expliqué par la référence à une représentation totale de l'organisme. Le système nerveux posséderait-il une image préalable de son propre développement futur? D'où vient le rythme de développement des connexions nerveuses elles-mêmes? Coghill a alors l'idée de «polarité», de régions différenciées dans le corps qui, par leurs différenciations, causeraient les étapes du développement du système nerveux et de l'ensemble du corps. Il parle de «gradient» en fonction du degré de susceptibilité des parties du corps. Deux gradients différents constituent les antécédents physiologiques et dynamiques des connexions nerveuses.

En sciences, le gradient désigne en général le taux de variation d'une grandeur physique ou chimique. Mais la théorie du gradient est surtout connue chez Charles Manning Child, lui aussi membre de l'École américaine de psychobiologie. Il enseigna l'embryologie de 1895 à 1937 au département de zoologie de Chicago. Pour lui, le gradient permet d'expliquer comment la structure et la fonction d'un organisme s'intègrent l'une à l'autre. Child considère que le corps se développe grâce à la création, en lui, de différents taux d'activité métabolique. La masse corporelle reste indifférenciée tant qu'elle ne reçoit pas une stimulation chimique spécifique qui enclenche sa complexification. La région la plus affectée par la stimulation y répond en accroissant son taux métabolique et son activité. La notion de gradient, concept scientifique complexe, montre que le développement de l'organisme se réalise à partir d'un rapport de différenciation.

La notion de «gradient» retient particulièrement l'attention de Merleau-Ponty, mais il ne conserve d'elle que l'aspect structural qu'elle suppose. Dans une note de travail du *Visible et l'invisible*, il parle de gradient afin de définir une approche structurale de l'expérience du réel. Une approche qu'il oppose à l'ontologie sartrienne reposant sur la dualité de l'être et du néant. «Le gradient: non l'être linéaire, mais l'être structuré.»[31] Le gradient permet d'élaborer une théorie du corps marquée par la structure

31 Merleau-Ponty, Maurice, *Le visible et l'invisible*, Paris, Gallimard, 1964, p. 291.

symbolique. L'image de l'organisme total aurait pour origine un rapport diacritique des cellules. « Le comportement premier de l'animal est donc organisé sous des gradients préneuraux: le système nerveux émerge à partir d'une dynamique préneurale. »[32] Il y aurait une dynamique structurelle, propre à la matière elle-même, à partir de laquelle se développeraient les capacités réelles et virtuelles de l'organisme.

> On ne peut pas définir l'animal par son fonctionnement immédiat, ici les appareils n'ont de sens que pour un futur, l'ordre du développement nerveux céphalo-caudal enveloppe la natation, il y a du possible dans l'organisme. L'embryon n'est pas simple matière, mais matière qui fait référence à l'avenir.[33]

Ainsi la matière serait-elle porteuse d'une image anticipée de l'organisme. Celle-ci contiendrait plus que ce que le corps peut réellement faire au même moment et interviendrait dans le développement réel de l'organisme. Chaque comportement du corps et chaque phase de son développement réel ne trouveraient de définition qu'en fonction de la relation à cette image de l'organisme total. Aux yeux de Merleau-Ponty, les travaux de Coghill permettent de mettre en évidence une structure fondamentalement diacritique du fonctionnement corporel. Ils ne permettent pas cependant d'établir la définition et le statut de cette image censée contenir l'ensemble des possibilités présentes et futures de l'organisme.

Les travaux de Gesell, auxquels Merleau-Ponty s'intéresse également, ouvrent toutefois de nouvelles hypothèses sur la notion d'image. Gesell était très influencé par Coghill et recourait à certains de ses travaux biologiques pour expliquer l'embryologie humaine. De la même manière que le lézard anticipe un certain nombre de mouvements dont le support nerveux n'apparaît que plus tard, l'embryon humain peut développer certains réflexes (la respiration par exemple) avant que ceux-ci ne soient explicables par la maturation du système nerveux. Merleau-Ponty voit en Gesell un précurseur de la théorie du symbolisme corporel sans que ce dernier ne soit véritablement pensé. Dans les travaux de Gesell, l'auteur de la *Phénoménologie de la perception* s'attarde sur le concept de « posture »[34].

32 Merleau-Ponty, Maurice, *La Nature. Notes. Cours du Collège de France*, Paris, Seuil, 1994, p. 192.

33 *Ibid.*, p. 193.

34 Voir Gesell, Arnold, *L'embryologie du comportement*, trad. de Paul Chauchard, Paris, PUF, 1953, chap. 3. On peut également se reporter à la bonne analyse d'Étienne Bimbenet sur ce point. Voir Bimbenet, *Nature et Humanité, le problème anthropologique dans l'œuvre de Merleau-Ponty*, *op. cit.*, p. 252.

Celui-ci définit un ensemble de réflexes toniques et de comportements propres à l'embryon d'un certain âge. Merleau-Ponty s'intéresse plus particulièrement à l'idée selon laquelle tout comportement doit nécessairement se caractériser par une asymétrie. L'expression d'un comportement n'a de sens qu'à condition de définir un écart entre une position de repos considérée comme norme et une position finale. Selon Merleau-Ponty, Gesell découvre le fondement symbolique du corps sans le thématiser ni l'expliciter véritablement. Au lieu de comprendre l'asymétrie[35] (symbolique) du corps comme la condition *sine qua non* de tout rapport au réel, Gesell la considère comme un phénomène contingent.

> Gesell définit le corps comme une espèce de circonscription d'espace : de même que l'augure romain traçait un contour sacré et signifiant, l'organisme définit un *templum* où les événements auront une signification organique. Parmi ces événements se trouvent définis les éléments gestuels.
> L'un de ces éléments, c'est l'asymétrie du comportement. Quoique construit bilatéralement, l'organisme affronte le monde, non suivant le plan frontal mais suivant un angle : l'homme a des réactions obliques. Le centre de gravité du comportement tend à se placer en position excentrique par rapport au centre géométrique de l'organisme. C'est ainsi qu'il y a apparition précoce du réflexe tonique chez l'embryon de 4 semaines ; si l'on tourne la tête de l'embryon de côté, les membres du même côté passent à l'extension, tandis que ceux du côté opposé fléchissent. À 16 semaines, un tel réflexe, jusqu'alors mécanique, passe sous contrôle optique. Pourquoi cette asymétrie, caractéristique de l'homme ? Gesell ne se le demande même pas et, à le lire, une telle asymétrie serait un phénomène contingent. Or un comportement dissymétrique va de soi chez un être capable d'action. Ce n'est qu'à partir de cette dissymétrie que se réalise ce que Proust appelle les côtés. Il faut que les objets me semblent en écart par rapport à la position symétrique qui est la position première chez l'embryon, à savoir la position de repos. Il en est ici du comportement comme du langage, chaque mot ne diffère de sens qu'à l'égard des autres mots de la même langue. Le signe est un écart de signes, il est diacritique. L'acquisition d'un comportement est semblable à l'acquisition d'un langage dont le corps serait la langue : de même que le langage ne désigne que par rapport à d'autres signes, de même le corps ne peut désigner un objet que comme anormal par rapport à notre norme, que comme rupture par rapport à sa position de repos.[36]

Il existe une asymétrie spontanée, un décalage entre une certaine anticipation de la « nature » future du corps et son état actuel. L'écart entre ces deux

35 Nous verrons un peu plus tard que l'asymétrie est une donnée fondamentale de la structure dynamique de la réversibilité.

36 Merleau-Ponty, *La Nature. Notes. Cours du Collège de France*, *op. cit.*, p. 196.

aspects rend possible la réalisation d'une action. Il faut qu'une asymétrie se crée entre une position quelconque du corps et sa position de repos.

Toutefois, il n'y a pas encore chez Gesell une véritable pensée du symbolisme du corps parce que l'asymétrie du comportement n'est pas conçue comme la condition de possibilité de l'expérience, mais seulement comme un phénomène contingent. La comparaison de Merleau-Ponty avec la diacriticité est d'ailleurs prématurée si l'on s'en tient aux définitions qu'il a données dans ses travaux antérieurs. La diacriticité supposait qu'aucun des deux éléments mis en rapport n'ait de définition avant sa rencontre avec l'autre. Un signe n'a pas de signification en lui-même, mais seulement dans sa différence avec un autre signe, disait Merleau-Ponty. Dans la description précédente du comportement réflexe, il n'y a donc pas diacriticité au sens propre dans la mesure où il existe une image-référence du corps, une «norme», dont la définition et le statut de «norme» sont posés avant l'expérience. L'image-référence se voit dotée de certaines caractéristiques *a priori* et il semble possible d'expliquer le développement de l'organisme en fonction de cette norme préalablement posée. La tentation est alors grande de donner à l'image le statut d'une idéalité transcendant l'expérience et que l'organisme chercherait à atteindre. Mais tout l'intérêt de la théorie du symbolisme serait alors perdu.

Comment comprendre le rôle de l'image dans la structure de l'expérience sans la transformer en une idéalité transcendantale?

> Où est la difficulté? Dans l'organisme vivant, nous ne devons ni «platoniser» ni «aristotéliser» et doubler la réalité sous nos yeux sans pour autant résoudre le problème. L'avenir de l'organisme n'est pas replié en puissance dans le début de la vie organique, comme en raccourci dans son début. Les diverses parties de l'animal ne sont pas intérieures les unes aux autres. Il faut éviter deux erreurs: placer derrière les phénomènes un principe positif (idée, essence, entéléchie) et ne pas voir du tout de principe régulateur. Il faut mettre dans l'organisme un principe qui soit *négatif* ou *absence*. On peut dire de l'animal que chaque moment de son histoire est vide de ce qui va suivre, vide qui sera comblé plus tard [...] Le principe directeur n'est ni en avant ni en arrière, c'est un fantôme, c'est axolotl dont tous les organes seraient la trace; c'est le dessin en creux d'un certain style d'action qui sera celui de la maturation, le surgissement d'un manque qui serait là avant ce qui le comblera.[37]

Ni «platoniser» ni «aristotéliser» donc, autrement dit ne pas présupposer une transcendance extérieure à l'expérience pour expliquer ce que nous

37 *Ibid.*, p. 207.

vivons; et pour cela, considérer l'image du corps comme un «fantôme», comme «le dessin d'un certain style d'action» qui serait en même temps «une absence», un «vide» ou un «manque». Merleau-Ponty semble affirmer que l'image supposée incarner l'essence de l'organisme ou la norme du corps, et qui permet de définir un comportement, ne serait en fait qu'une forme vide, un fantôme. Le corps serait grevé d'un manque et d'une négativité dont l'existence ne dépendrait pas de la définition préalable d'un objet mais seulement du corps lui-même. L'image de l'expérience ne serait en fait rien d'autre que la projection des différents besoins du corps sur un objet qui en deviendrait, arbitrairement, le support. En somme, la dimension imaginaire de l'expérience aurait un lien avec nos besoins et nos pulsions les plus élémentaires.

La reprise des travaux de Lorenz[38], qui permettent de penser le passage de l'instinct au symbolisme, confirme cette hypothèse. Les études sur l'instinct et l'animalité du cours sur *La Nature* s'emploient à montrer comment le symbolisme est parfois en germe dans le rapport spontané de certains animaux à leur *Umwelt*. Elles montrent également comment le symbolisme de l'expérience humaine apparaît à partir d'une sorte de sublimation de l'instinct.

Dans la citation précédente, Merleau-Ponty parle d'un manque présent avant l'objet qui le comblera. Une telle théorie du manque revient à évincer toute compréhension mécaniste et causale des phénomènes corporels. Celle-ci impliquerait que l'objet suscite le manque dans le corps par le biais de stimuli, ce qui conduirait aux nombreux paradoxes que l'auteur de *Signes* avait déjà mis en évidence, en 1942, dans *La structure du comportement*. Merleau-Ponty pense plutôt que le manque inhérent au corps peut être compris à partir d'une analyse structurale de l'expérience. Il se fonde sur les études détaillées de Lorenz à propos de l'instinct afin de légitimer cette approche. Même dans certaines activités instinctives, pourtant assez proches d'une activité réflexe au premier regard, le mécanisme causal se révèle insuffisant pour expliquer le comportement.

> «Les tendances instinctives» ne sont pas des actions dirigées vers un but, même vers un but lointain dont l'animal n'aurait pas conscience. L'instinct c'est une activité primordiale «sans objet», *objektlos*, qui n'est pas primitivement position d'une fin. C'est une activité qui se confond presque avec l'usage de l'organisme.[39]

38 Lorenz, Konrad, *Essais sur le comportement animal et humain*, Paris, Seuil, 1970.

39 Merleau-Ponty, *La Nature. Notes. Cours du Collège de France*, *op. cit.*, p. 249.

Lorenz montre en effet que certaines activités instinctives ne peuvent pas être expliquées à partir d'une détermination du comportement par l'objet. L'étude du choucas[40] en donne un exemple. Il existe une tendance spontanée du jeune choucas à suivre au réveil un congénère de même espèce. Or, observe Lorenz, il arrive que le comportement de «poursuite» se réalise non pas avec un choucas, mais avec un autre animal[41]. Le comportement de poursuite, que l'on considérait ainsi comme une tendance instinctive innée et déclenchée par la présence d'un compagnon de même espèce, peut en fait se mettre en place avec tout type d'être vivant. La nature et la singularité de l'objet visé par l'instinct apparaissent comme contingents. «L'instinct est une activité instaurée du dedans, mais qui possède une cécité, et qui ne connaît pas son objet.»[42] L'idée d'une détermination de l'activité du corps par l'objet perd sa pertinence. Lorenz conclut de cette analyse qu'il existe un ensemble de comportements du corps qui persistent virtuellement et qui n'attendent qu'un support contingent pour se réaliser. L'objet de l'instinct se réduit à un objet vide, non déterminable *a priori*, et qui constitue le support virtuel d'une activité réelle de l'organisme[43]. L'objet poursuivi par l'instinct n'est qu'un prétexte à un certain exercice du corps pour lui-même.

La contingence de l'objet de l'instinct prouve que le corps recherche en fait la satisfaction d'un besoin qui lui est propre et dont il croit voir le

40 Petit oiseau noir voisin de la corneille.

41 «Le comportement inné, sans objet, lié au congénère, se fixe à un moment précis, à un stade tout à fait déterminé du développement du jeune oiseau, sur un objet de son environnement. Il se peut que cette fixation se situe au moment où l'acte instinctif se déclenche, mais elle peut aussi précéder ce déclenchement de plusieurs mois et même de plusieurs années. Dans des conditions normales de vie en liberté d'une espèce, le choix de l'objet des actes instinctifs, quand cet objet biologique est un congénère, est toujours dirigé avec certitude sur un congénère. Si, en revanche, le jeune oiseau n'est pas entouré de congénères pendant la période psychologique de fixation, il oriente ses réactions liées au congénère vers un autre objet de son environnement, généralement un être vivant s'il y en a un à sa disposition, sinon sur des objets inanimés.» LORENZ, *Essais sur le comportement animal et humain, op. cit.*, p. 176-177.

42 MERLEAU-PONTY, *La Nature. Notes. Cours du Collège de France, op. cit.*, p. 250.

43 «Un choucas, même s'il a été dès son plus jeune âge privé de toute relation avec ses congénères, possède pratiquement toutes les qualités et tous les comportements qui seraient les siens dans le cadre d'une société normale. Naturellement un grand nombre de ces qualités et de ces comportements ne se manifesteraient pas dans les conditions de la captivité, mais il est alors beaucoup plus impressionnant de voir certains d'entre eux se dérouler sans but et sans objet, "à vide", prouvant par là qu'ils existent virtuellement et ne font qu'attendre leur déclenchement.» LORENZ, *Essais sur le comportement animal et humain, op. cit.*, p. 188.

reflet dans une forme quelconque d'altérité. L'objet incarnant la finalité consciente de l'instinct devient l'image d'un manque propre au corps et ne tient ses diverses déterminations que de la manière dont ce manque est défini. L'ouverture au réel s'effectue ainsi à partir d'une image vide, qui n'est elle-même qu'un certain reflet du corps. La structure de l'expérience de l'altérité semble paradoxalement impliquer une forme de narcissisme.

> L'instinct est à la fois en lui-même et tourné vers l'objet, c'est à la fois une inertie et une conduite hallucinatoire, onirique, capable de faire un monde et de s'accrocher à n'importe quel objet du monde. Dans la mesure où l'instinct est une tension qui veut trouver une détente sans savoir pourquoi, il ne vise pas tant le réel que l'irréel. L'instinct est orienté vers l'image ou le typique. Il y a un narcissisme de l'instinct.[44]

L'activité instinctive s'incarne dans le rapport à un objet réel, mais ce dernier n'est pas, en fait, la finalité véritable. À travers cette activité se révèle surtout le rôle de l'imaginaire du corps dans l'expérience. Cette proximité du réel et de l'imaginaire conduit Merleau-Ponty à déceler dans l'instinct les prémisses de l'activité symbolique du corps. La définition du comportement ne dépend plus de la nature de l'objet visé mais seulement d'un objet imaginaire capable de jouer le même rôle. Par conséquent, un objet peut devenir représentatif d'un autre à partir du moment où l'imaginaire du corps l'investit de la même façon. Que le choucas suive un autre choucas ou bien un corbeau ne change pas totalement la définition de l'activité réelle; dans chaque cas, le choucas ou le corbeau suivis deviennent les «symboles» d'un même comportement: celui de la poursuite. De la même manière, un seul et même comportement peut devenir le symbole de plusieurs finalités différentes.

Ce point est confirmé par les études de Lorenz. Ce dernier observe qu'un certain nombre d'attitudes animales consistent à reproduire des comportements habituellement liés à une activité bien déterminée dans des contextes inattendus. Ces attitudes semblent alors détournées de leur finalité «naturelle». On verra un oiseau effectuer les mouvements utiles à la confection d'un nid sans que ce dernier ne soit effectivement constitué. D'autres animaux adopteront des attitudes caractéristiques de certaines situations, non plus pour s'adapter réellement à celles-ci, mais pour entrer en communication avec un congénère. De nombreuses attitudes de jeu par exemple, consistent à reproduire les réflexes de la prédation avec un congénère. Le jeu apparaît comme une sorte de sublimation de la

44 Merleau-Ponty, *La Nature. Notes. Cours du Collège de France*, *op.cit.*, p.253.

violence propre au comportement de la chasse; comportement qui se voit ainsi détourné de sa finalité «naturelle» pour créer un mode de relation avec un partenaire de même espèce. On observe également que l'oscillation de la tête d'un poisson, utilisé d'ordinaire pour mettre le corps en mouvement, peut devenir dans certains cas une incitation à fuir un prédateur et donc un cri d'alarme pour les congénères. L'activité instinctive du corps perd parfois sa fonction première de réponse à un besoin inné, pour devenir symbole d'autre chose qu'elle-même. Merleau-Ponty conclut ces observations sur les recherches de Lorenz de la manière suivante:

> Avec l'activité à vide, l'instinct va être capable de dérailler, ou va passer de l'activité instinctive à l'activité symbolique. Les actes à vide ou ébauchés vont devenir, pour les animaux, des moyens de communiquer entre eux. Ces actions, au lieu d'être effectuées pour de bon, sont alors exécutées à titre de substitut de l'action effective, parce qu'une part d'inactualité a été mise dans l'instinct. Le «faire instinctivement» va se transformer en faire semblant.[45]

L'expérience est dite symbolique à partir du moment où une «part d'inactualité» de l'objet a été mise en évidence. Tant qu'un objet est perçu comme la réponse immédiate et réelle à un besoin du corps, sa dimension d'altérité est inévitablement niée. On ne voit en lui que sa fonction immédiate de réponse à une certaine logique du corps. C'est au contraire lorsqu'on ressent l'impossibilité de réduire l'objet aux seules nécessités ressenties par le corps, lorsque l'objet échappe en partie à la fonction que l'on tente de lui assigner, qu'il se pose comme «autre». Imaginaire et réel deviennent symboles l'un de l'autre dans l'expérience. La fonction diacritique dévoilée par les études biologiques se tourne vers un symbolisme du corps lorsque la vacuité de l'objet imaginaire a été soulignée.

Les analyses biologiques montrent que le symbolisme originaire de l'expérience est inhérent au corps. Les activités réflexes et instinctives, qui ont pour fonction de répondre à des besoins apparemment innés de l'organisme, peuvent dans certains cas être perçues comme les prémisses d'un symbolisme corporel. À partir du moment où l'activité se détache ou se distancie du besoin immédiat auquel elle est liée, elle n'est plus seulement une réponse spontanée à une exigence du corps, mais un comportement symbolique tourné vers l'altérité. Cette distanciation se matérialise dans une modification de la notion d'image. Dans l'instinct,

45 *Ibid.*, p. 254.

l'imaginaire et le réel se confondent dans la mesure où l'objet poursuivi n'est perçu que comme une réponse possible au besoin du corps. Dans le symbolisme au contraire, les projections imaginaires liées aux besoins du corps restent présentes mais elles ne se confondent plus avec l'altérité. Alors distinguées de l'objet dans lequel elles étaient projetées, elles se vident de leur contenu et désignent l'objet sans le posséder. Le symbolisme inscrit l'expérience dans le réel par le biais d'une image que le corps a de lui-même et qu'il semble spontanément projeter dans les objets auxquels il se rapporte. Mais le lien entre cette image et le réel reste pour l'instant énigmatique. En quoi le narcissisme propre au corps pourrait-il éclairer notre approche de l'expérience du réel ?

L'implication de l'image du corps dans l'expérience conduit Merleau-Ponty sur les chemins de la psychologie et, plus particulièrement, à la notion de « schéma corporel »[46]. La psychologie traditionnelle considère ce schéma comme la représentation du corps qui permet à un individu d'évoluer dans l'espace[47]. Celle-ci définit une certaine unité de l'image de soi. Elle correspond à la conscience, à la sensation ou à la perception du corps comme totalité. Évoluer dans l'espace nécessite en effet l'appréhension immédiate du volume du corps, de la distance de la main à la chose qu'elle veut saisir, des dimensions du lieu dans lequel on se déplace, du poids de l'objet que l'on souhaite soulever… Le schéma corporel incarne une perception globale du corps. Le problème consiste alors à comprendre la genèse de ce schéma quand on sait que la perception que le corps a de lui-même est essentiellement lacunaire. On ne voit ni son dos ni sa nuque et le regard sur le corps ne peut être que partiel. Dans la pensée de Merleau-Ponty, la perception de « l'unité » du corps semble d'autant plus problématique que le symbolisme ancre d'emblée l'expérience corporelle dans un rapport à l'altérité, dans un rapport qui est donc divisé. Comment expliquer la possibilité et la naissance du schéma corporel à partir de la nature symbolique du corps ?

L'argument de Merleau-Ponty consiste à montrer que c'est précisément en raison du symbolisme corporel et du manque qui lui est inhérent,

46 *Ibid.*, p. 272.

47 « Représentation que chacun se fait de son corps et qui lui permet de se repérer dans l'espace. Fondée sur des données sensorielles multiples proprioceptives et extéroceptives, cette représentation schématique est nécessaire à la vie normale et se trouve atteinte dans les lésions du lobe pariétal. » Cette définition est donnée par Henri Piéron dans son *Vocabulaire de la psychologie*.

qu'une unité du corps peut être perçue. Grâce au fonctionnement symbolique, le corps entre simultanément en rapport avec lui-même et avec ce qui est autre que lui. Et étrangement, au sein de cette opération paradoxale, il trouve le moyen de se percevoir comme total. L'image du corps et le rapport à l'altérité sont réversibles. L'idée selon laquelle l'image du corps est l'autre face de notre rapport au réel est explicitement inspirée par les travaux de Schilder auxquels Merleau-Ponty se réfère à plusieurs reprises. Schilder montre que nous ne percevons pas notre corps autrement que nous ne percevons le monde : dans les deux cas, la relation est de nature libidinale. Le corps ressent sa propre unité à travers sa libido, autrement dit à travers une tendance envers un objet dans lequel il voit une complémentarité imaginaire. Le narcissisme permet ainsi, dans une certaine mesure, notre rapport à l'altérité.

> Quel est le rapport entre narcissisme et image du corps ? Il ne peut y avoir de libido ou d'énergie des pulsions du moi qui ne se rapporte à un objet quelconque. Nous sommes dans un monde et les objets font partie de ce monde : le fait même de vivre nous oriente sur ce monde. L'être vivant est inséparable de ses attitudes ; une attitude est toujours attitude envers quelque chose. Il ne peut exister « en soi » une énergie de l'attitude. Freud lui-même parle des *Triebrepresentanzen*, des représentations qui sont nécessaires aux pulsions. Nous devons donc toujours poser la question suivante : « quel est l'objet vers lequel est dirigée la pulsion ? » La libido narcissique a pour objet l'image du corps. Mais notre corps ne peut exister que comme partie du monde. Tout ce que le présent ouvrage nous a déjà montré indique clairement que nous ne percevons pas notre corps autrement que nous percevons les objets du monde extérieur.[48]

La conception schilderienne du schéma corporel, qui fonde l'image de l'unité du corps sur la libido, permet de comprendre de façon un peu plus précise les thèses biologiques développées précédemment. La représentation de l'objet n'est qu'un prétexte à l'exercice de la libido propre au corps. Nous avons vu que la nature symbolique du corps impliquait l'existence d'un manque cherchant son complément dans un objet imaginaire. À travers l'idée schilderienne de schéma corporel, Merleau-Ponty précise encore cette approche. Le corps se perçoit lui-même de façon lacunaire

48 Schilder, Paul, *L'image du corps*, trad. de François Gantheret et Paule Truffert, Paris, Gallimard, 1968, p. 142. Encore une fois, Merleau-Ponty reprend essentiellement la structure problématique de la pensée de Schilder et ne développe pas l'entrelacement complexe entre les aspects physiologique, libidinal et sociologique qui constituent pour Schilder les trois aspects fondamentaux de la constitution de l'image du corps.

et comme essentiellement manquant, il recherche donc son unité. L'idée de schéma corporel naît de ce constat.

> Le schéma corporel est donc non pas fait de parties déterminées, mais il est un être lacunaire (le schéma corporel est creux au-dedans) – comporte des régions accentuées, précises, d'autres vagues – le creux et les régions vagues sont le point d'insertion de corps imaginaires.[49]

Au-dedans, le schéma corporel comporte des creux. Le corps ne se perçoit pas comme total et compense donc ses lacunes perceptives de façon imaginaire. Il cherche dans l'altérité l'image de son propre manque et tente de combler par là le schéma partiel qu'il a de lui-même[50].

> Voir implique la possibilité de se voir – lacune de mon image visuelle de moi. Mais cette lacune est compensée par la réalisation d'images totales au dehors.[51]

Les lacunes, les manques inévitables inhérents à la nature du corps appellent des compensations imaginaires que le corps croit trouver en dehors de lui-même. La recherche de l'identité du corps, l'image de soi que l'on ne cesse de poursuivre sont autant de phénomènes qui ouvrent spontanément le corps à ce qui est autre que lui. S'il n'y avait pas de recherche de l'identité, il n'y aurait pas non plus d'ouverture à l'altérité. Mais comment se constitue l'unité imaginaire du corps ?

La définition de l'objet imaginaire nous en apprend tout autant sur le corps et sur sa propre image, que sur l'altérité devenue ponctuellement le support de ses fantasmes. Si les mains saisissent un livre, elles ressentent immédiatement la forme de l'objet: l'épaisseur du livre est similaire à l'écart entre le pouce et les autres doigts, sa rugosité identique au frottement qu'il provoque sur la peau, son poids assimilable à la force nécessaire pour le soulever. Le toucher crée une image de l'objet. Mais simultanément, la présence du livre révèle au corps la forme des mains, la sensibilité et les reliefs de la peau, les limites de la force musculaire. La sensation du toucher et la forme de l'objet sont deux moments réversibles de l'expérience. Multiplié par l'infinité des perceptions du corps, ce renversement permet la perception de son unité. Toutes les parties inaperçues sont appréhendées par le rapport sensoriel établi à l'altérité. Certes, le corps ignore son propre point de vue et sa situation, mais il

49 Merleau-Ponty, *La Nature. Notes. Cours du Collège de France*, *op. cit.*, p. 346.

50 *Ibid.*, p. 108: « L'absolu dans le relatif, voilà ce que mon corps m'apporte. »

51 *Ibid.*, p. 346.

les recompose. La longueur du bras est équivalente à la distance de ce fauteuil au corps ; celle de la jambe au nombre de pas nécessaires à l'approche de cette étagère. « Perception et mouvement symbolisent. Et les sens entre eux. Pour l'unité du corps. »[52]

Entre le rapport établi à l'altérité et l'altérité même, se noue une sorte de connivence ; en projetant sur l'objet ce qui est propre au corps, le manque trouve à s'incarner ; il n'est plus un creux mais un plein, il n'est plus une « négativité naturelle » mais une positivité symbolique et culturelle. Tout se renverse : ce qui était un manque réel devient, à travers l'objet qui le symbolise, une plénitude imaginaire ; ce qui était, au-dedans, un manque pour le corps devient, au dehors, l'image d'une chose en soi. La taille du corps n'est plus méconnue puisqu'elle se matérialise dans la hauteur des arbustes qui décorent ce parc. L'expression du visage devient perceptible par le reflet que lui offre un cours d'eau, etc. Tout ce qui n'est pas directement perçu par le corps est compensé par une perception autre, par du sensitif, c'est-à-dire par une dimension que le corps contribue aussi à construire. Le schéma corporel comme totalité naît d'une compensation imaginaire des lacunes de la perception du corps. Une compensation qui passe par le rapport libidinal à l'altérité, par une sensation à double face où l'image du corps et la présence de l'objet sont l'envers l'une de l'autre.

Cette réversibilité doit toutefois être précisée. Comme l'écrit Schilder, le narcissisme du rapport au monde conduit à une sorte de confusion entre ce qui est propre au corps et ce qui est autre que lui. On confond l'altérité avec le manque qui guide le mouvement vers elle ; on confond ce qui est propre au manque et ce qui relève de l'objet. Schilder parle d'une « zone indifférenciée »[53]. Merleau-Ponty reprend cet aspect mais le nuance. Certes, intervient ici un processus fantasmatique où la caractérisation de l'altérité naît d'une projection imaginaire du manque, de l'abolition apparente de la différence entre le désir et son objet. Mais, justement, l'abolition n'est qu'apparente et la zone indifférenciée est, en fait, une zone de différences. Pour Merleau-Ponty, la projection narcissique liée à la libido est absolument indissociable de son mouvement contraire, c'est-à-dire d'une introjection, d'un moment où la volonté d'appropriation

52 *Ibid.*, p. 281.

53 La « zone indifférenciée » correspond à un certain stade du narcissisme. « On pourrait dire que l'individu est incapable, en fin de compte, d'attribuer une grande partie de ce qu'il éprouve soit au corps soit au monde. J'ai parlé d'une zone indifférenciée entre le corps et le monde, et j'ai dit qu'au stade narcissique cette zone indifférenciée a sans doute un rôle privilégié. » SCHILDER, *L'image du corps*, *op. cit.*, p. 143.

fantasmatique de l'objet se révèle impossible et où l'introjection renvoie à la vacuité de l'objet imaginaire. Au moment où l'on croit posséder son identité, on en est dépossédé, car l'objet imaginaire se révèle vide et ne fait que renvoyer au manque corporel. Les paradoxes de la citation suivante illustrent ce double mouvement.

> Lieu de l'imaginaire du voir: par le voir et ses équivalences tactiles, inauguration d'un dedans et d'un dehors et de leurs échanges, d'un rapport d'être à ce qui pourtant est dehors à jamais.[54]

L'imaginaire du corps permet d'enjamber la distance à l'altérité et une sorte d'échange a lieu. Un rapport d'être se réalise avec ce qui est pourtant «dehors à jamais», écrit Merleau-Ponty; autrement dit, avec ce qui ne pourra jamais se confondre avec le manque du corps. Le narcissisme crée une empathie, une *Einfühlung*, mais une empathie qui croit en une réversibilité effective alors que celle-ci n'est jamais réalisée en fait. L'échange entre l'intérieur et l'extérieur, que l'imaginaire du voir pense réalisable, finit par révéler son impossibilité. Il faudra préciser longuement la théorie de la réversibilité que Merleau-Ponty ne fait ici qu'ébaucher. Mais pour la comprendre, les études scientifiques et psychologiques sont insuffisantes. Celles-ci ont essentiellement pour rôle de montrer la relation de l'imaginaire à la libido et d'insérer l'approche symbolique de l'expérience dans le corps. Mais on ne comprend pas encore comment le réel surgit à partir de là. Ce dernier fait échec au narcissisme, aux pulsions imaginaires et à nos constructions symboliques. Il place ainsi l'expérience dans une situation de désir.

> Le corps comme pouvoir d'*Einfühlung* est déjà désir, libido, projection-introjection – la structure esthésiologique du corps humain est donc une structure libidinale, la perception un mode de désir, un rapport d'être et non de connaissance.[55]

«La structure esthésiologique du corps est donc une structure libidinale». La libido, caractéristique de l'imaginaire du corps est un aspect fondamental du désir. Ce dernier ne s'explique pas immédiatement par la tension vers tel ou tel objet mais plutôt par un effet de structure. Le corps est fondamentalement tourné vers l'altérité qu'il désire parce qu'il définit son manque à travers elle de manière imaginaire. L'objet imaginaire n'existe que selon la logique du corps qui se rapporte à lui et constitue en réalité un objet vide. Dès lors, l'obtention d'une satisfaction n'est qu'une nouvelle

54 MERLEAU-PONTY, *La Nature. Notes. Cours du Collège de France*, *op. cit.*, p. 345.
55 *Ibid.*, p. 272.

source de désir; l'unité espérée à travers la saisie de l'objet se trouve à nouveau reportée.

> Parallèlement à l'étude du corps esthésiologique, il faudrait une étude du corps libidinal, et montrer qu'il y a un enracinement *naturel* du pour autrui [...] Reprendre ici toutes les contributions de la psychanalyse à cette théorie du sujet désirant. L'Eros n'étant pas d'ailleurs compris comme un effet ou une force orientée, mais comme une élévation vers x, une sorte d'ébullition, un creux toujours futur – le désir pose le même problème que la perception: un esprit ne désirerait pas plus qu'il ne percevrait. Quel est le je du désir? C'est évidemment le corps... un corps qui, de lui-même, désire autre chose que lui-même ou ses semblables [...], et qui pourtant le désire selon sa propre logique, par son propre arrangement, par sa propre pesanteur, chose perçue qui se perçoit et par là insère le monde entre soi et soi – masse de plaisirs et de douleurs qui ne sont pas clos sur eux-mêmes, mais nous servent à jouir et à souffrir du monde et des autres (plaisir et réalité).[56]

Le désir n'est pas une «force orientée» et se distingue en ce sens de l'intentionnalité qui s'incarne dans la visée d'un objet déterminé. Définir vraiment le désir implique plutôt de reprendre les différentes théories de la psychanalyse. Ces dernières, confrontées avec les découvertes de la phénoménologie, doivent d'ailleurs conduire à renoncer à l'idée d'intentionnalité, comme l'affirme Merleau-Ponty dans la préface au livre du Docteur Hesnard[57]. L'étude des textes montre que Merleau-Ponty est particulièrement influencé par les reprises structuralistes de la théorie freudienne du désir: celles de Mélanie Klein et de Lacan. Cette double influence le conduira à comprendre l'expérience non plus seulement comme symbolisme, mais comme réversibilité du réel et de l'imaginaire.

L'étude des liens de Merleau-Ponty à la psychanalyse permet de préciser davantage la théorie du symbolisme réel/imaginaire de l'expérience. Le lien de l'imaginaire à la libido et l'ancrage du symbolisme dans le corps sont confirmés. L'expérience du réel semble désormais s'incarner dans une forme de désir structuré par la réversibilité. Merleau-Ponty a néanmoins mis beaucoup de temps à situer ce que représentait vraiment pour

56 *Ibid.*, p. 272.

57 Merleau-ponty, *Parcours Deux*, *op. cit.*, p. 281. Cette distinction fondamentale du désir et de l'intentionnalité est la raison pour laquelle nous ne pouvons pas souscrire à l'hypothèse de Jenny Slatman qui rapproche la théorie merleau-pontienne du désir et celle de l'«intentionnalité intérieure à l'être». Voir Slatman, Jenny, *L'expression au-delà de la représentation, sur l'aisthêsis et l'esthétique chez Merleau-Ponty*, Louvain-Paris, Peeters-Vrin, 2003, p. 94.

lui l'apport de la psychanalyse. La manière dont il comprend l'inconscient dans *La structure du comportement*, dans ses cours du Collège de France de 1955 ou dans ses derniers écrits est très différente. Il est vrai que le recours à la notion freudienne d'inconscient pose d'emblée un problème d'interprétation. Les découvertes du psychanalyste ont ouvert plusieurs pistes de compréhension en raison de la diversité des caractérisations de l'inconscient. Ce dernier se définit, dans sa dénomination la plus générale, comme le psychisme en tant que tel et même comme son «*essentielle réalité*»[58]. Mais il représente aussi un aspect particulier du psychisme dont Freud a essayé de rendre compte à travers ses «topiques». Celles-ci décrivent l'inconscient comme un lieu particulier de notre vie intérieure où se «logent» les représentations que la conscience refuse de voir. Si Freud avoue lui-même qu'une telle représentation spatiale de l'inconscient demeure une métaphore commode et non une description à prendre au pied de la lettre[59], le sens de cette métaphore reste néanmoins à interpréter. L'inconscient désigne encore, en tant que système opposé à la conscience, un processus faisant intervenir les mécanismes bien connus de condensation, de déplacement ou de contradiction. Ces processus impliquent un matériel, lui aussi appelé inconscient, qui se décline sous la forme de représentations, de pulsions sexuelles refoulées, d'idées censurées, d'événements traumatiques, ou encore de fantasmes infantiles. Représentation, lieu, processus, idée refoulée, pulsion sexuelle inavouée, l'inconscient ne désigne pas une réalité fixe. *Il incarne à la fois la réalité, les principes, les mécanismes cachés et le contenu inaperçu du psychisme.* Il n'est donc pas un concept bien déterminé mais il décrit un nouveau contexte d'interprétation des événements et de la vie psychiques.

Le problème est de comprendre les implications de ce contexte neuf. Si l'on accentue l'un des aspects de l'approche freudienne de l'inconscient au détriment des autres, on s'oriente vers des perspectives qui peuvent devenir infidèles à l'idée même de l'inconscient. Par exemple, réduire l'inconscient à une simple représentation refoulée déterminant nos actes, ou à un lieu psychique à l'origine de nos comportements et de nos volontés, aboutit à une théorie causaliste et déterministe assez éloignée de l'approche freudienne. Merleau-Ponty lui-même a d'abord été tenté par ce type d'interprétation causaliste, au point de voir dans l'inconscient une nouvelle déclinaison de l'idéalisme. Le système freudien d'analyse

58 FREUD, Sigmund, *La science des rêves*, Paris, PUF, 1967, p. 520.

59 *Ibid.*, p. 518.

du rêve tendait, croyait alors Merleau-Ponty, à restaurer le déterminisme dans la mesure où les concepts de «refoulement», de «régression», de «résistance» ou de «transfert», étaient assimilés par le psychanalyste à des notions causales transformant «en une théorie métaphysique de l'existence humaine les découvertes de la psychanalyse»[60]. Assimilé à un nouveau système de causalité, l'inconscient était compris comme le lieu d'un sens véritable déterminant le sens manifeste et dérivé du rêve[61].

Mais, comme il le remarquera plus tard, l'interprétation causaliste de l'inconscient manque la signification profonde de la théorie freudienne puisqu'elle la reconduit vers un monopole de la conscience.

> Mais la discussion de l'inconscient freudien reconduit d'ordinaire au monopole de la conscience: on le réduit à ce que nous décidons de ne pas assumer, et, comme cette décision nous suppose au contact du refoulé, l'inconscient n'est plus qu'un cas particulier de la mauvaise foi, une hésitation de la liberté imageante. On perd ainsi de vue ce que Freud a apporté de plus intéressant, – non pas l'idée d'un second «je pense» qui saurait ce que nous ignorons de nous, – mais l'idée d'un symbolisme qui soit primordial, originaire...[62]

La critique ci-dessus marque la prise de distance de Merleau-Ponty par rapport à sa première compréhension de l'inconscient. Elle critique aussi l'approche sartrienne de l'inconscient qui réduit ce dernier à un simple

60 Merleau-Ponty, *La structure du comportement, op. cit.*, p. 192. Dans *La structure du comportement*, la référence de Merleau-Ponty à Freud reste marquée par une compréhension causaliste. La théorie psychanalytique apparaît essentiellement dans un contexte critique: le freudisme est réduit à une interprétation causaliste de la maladie et l'inconscient est compris comme le lieu de représentations déterminant les phénomènes psychiques conscients. Lue à travers la critique structurale de Goldstein, la psychanalyse incarne plutôt, à ce moment-là, une théorie biologique causaliste qu'une pensée nouvelle des comportements humains. Nous partageons l'analyse de Pierre Rodrigo qui écrit à ce sujet: «L'exemple du freudisme n'est abordé qu'en stricte extériorité: il s'agit, ainsi que le texte le dit à la lettre, de réfléchir sur "l'exemple du freudisme" à partir d'un autre point de vue qui va être fourni par la théorie de Kurt Goldstein.» Par conséquent, «Merleau-Ponty, qui suit ici de près Goldstein et Politzer, n'est en fait pas loin de paraphraser Bergson (mais sur un autre plan) en soutenant que le malade n'est qu'un montage rigide et stable du sens, un automate spirituel donnant une justification apparente à la pensée causale et aux explications en troisième personne de Freud.» Dans *Chiasmi International 4, Figures et fonds de la chair*, Paris-Milan-Memphis, Vrin-Mimesis-University of Memphis, 2002, p. 32-33.

61 Merleau-Ponty, *La structure du comportement, op. cit.*, p. 191.

62 Merleau-Ponty, *L'institution. La passivité. Notes de cours au Collège de France (1954-1955), op. cit.*, p. 268.

matériel ou à un contenu. Dans ce cadre, Sartre peut aisément affirmer que, si l'inconscient se limite aux représentations que la conscience refuse de voir, c'est donc la conscience qui réalise le refoulement. L'inconscient devient une simple déclinaison de la mauvaise foi. Cependant, limiter ainsi l'inconscient à un matériel caché déterminant nos pensées conscientes, revient à trahir la complexité et le sens de la théorie freudienne. Si l'inconscient ne désigne rien d'autre qu'une représentation ou une instance première déterminant nos actes, quel intérêt la notion peut-elle vraiment avoir ? Elle restera un nom commode pour désigner l'origine ou la cause inconnue du sens de notre comportement mais n'expliquera rien. La pensée consciente sera alors libre de projeter dans la définition de l'inconscient ce qu'elle veut y voir et l'on aura perdu l'intérêt fondamental de la notion qui consiste justement à dégager les limites du pouvoir de la conscience. L'interprétation causaliste de l'inconscient réduit la notion à un simple nom et ne mesure pas l'enjeu de la découverte freudienne ; un enjeu qui consiste à souligner qu'un vécu psychique et une expérience, tout en étant pourtant le propre d'un individu singulier, peuvent conserver vis-à-vis de cet individu même une part d'obscurité. L'inconscient n'est pas un second « je pense », mais désigne la limite, de fait, de nos représentations. La signification profonde de la théorie de l'inconscient pour Merleau-Ponty est l'existence d'un symbolisme originaire de l'expérience.

Ce point de vue sera confirmé dans les derniers écrits de Merleau-Ponty. Dans la *Préface à l'ouvrage de A. Hesnard*, Merleau-Ponty révèle la teneur de son rapport aux découvertes freudiennes. Selon lui, l'essentiel ne réside pas dans la doctrine, mais dans la méthode. La méthode psychanalytique consiste à déchiffrer les structures implicites de l'expression du patient pour le conduire à formuler les aspects inaperçus de ce qu'il vit. En somme, la théorie freudienne donne les éléments d'une interprétation tout à fait nouvelle de l'expérience.

> Ce qu'on a appris, à travers tout un matériel de rêves, de fantasmes, de conduites et finalement jusque dans la rêverie propre sur le corps, c'est à discerner un imaginaire du phallus, un phallus symbolique, onirique ou poétique. Ce n'est pas le corps utile, fonctionnel, prosaïque qui explique l'homme : c'est inversement le corps humain qui retrouve sa charge symbolique ou poétique... Ce qu'on a appris, c'est que des matrices symboliques, un langage de soi à soi, des systèmes d'équivalence montés par le passé réalisent dans un acte simple les groupements, les distorsions que l'analyse reconstitue de proche en proche.[63]

63 MERLEAU-PONTY, *Parcours Deux*, *op. cit.*, p. 279.

La structuration symbolique du corps est le principal apport théorique de Freud pour Merleau-Ponty. Le «phallus», les processus inconscients, tout cet appareil doit être compris à travers l'idée d'un symbolisme du corps dans l'expérience. Cependant, comme le dit Merleau-Ponty, «Freud ne le dit nulle part en ces termes». Son interprétation du freudisme réside essentiellement dans une transformation de la théorie freudienne en une forme de structuralisme lié à l'imaginaire du corps. Afin d'éviter la dérive causaliste de la psychanalyse, Merleau-Ponty ne suit pas Freud lorsque ce dernier tente d'établir des schémas linéaires et téléologiques du développement psychique. La théorie des stades oral et anal, par exemple, n'incarne pas, aux yeux du philosophe français, un processus réel du développement psychique, mais la structure du rapport corporel au réel. L'«oral» et l'«anal» désignent les cavités et les reliefs du corps, autrement dit ce par quoi ce dernier est «ouvert» sur l'altérité. Merleau-Ponty intègre la théorie des stades à son approche de l'imaginaire du corps. Nous avons vu que le schéma corporel naissait du rapport du corps à ses propres manques. Ces derniers ne sont pas seulement de nature psychique, il s'agit aussi des «lacunes» corporelles au sens propre, des «trous» du corps et de la manière dont l'imaginaire les comble. Les stades oral et anal sont une autre manière de mettre en évidence le rapport du corps à son manque et le rapport libidinal à l'altérité.

Merleau-Ponty confesse que cette interprétation du freudisme lui a été suggérée en partie par les œuvres de Mélanie Klein.

> Les concepts théoriques du freudisme sont rectifiés et affermis quand on les comprend, comme le suggère l'œuvre de Mélanie Klein, à partir de la corporéité devenue elle-même recherche du dehors dans le dedans et du dedans dans le dehors, pouvoir global et universel d'incorporation.[64]

À travers la recherche du «dehors dans le dedans et du dedans dans le dehors», Merleau-Ponty ébauche ici sa théorie de la réversibilité dont quelques traits sont inspirés par l'interprétation de la psychanalyste.

Mais c'est surtout à Lacan que Merleau-Ponty doit cette approche particulière de la psychanalyse. Une étude du réel qui conduit à la fois vers une théorie du désir et du symbolisme ne peut évidemment pas faire l'économie d'une approche détaillée des rapports entre le philosophe français et le psychanalyste. Il est parfois difficile, néanmoins, de déterminer avec précision qui emprunte à l'autre tant les deux auteurs se sont influencés

64 Merleau-Ponty, *La Nature. Notes. Cours du Collège de France*, *op. cit.*, p. 380.

sans toujours l'avouer. Mais il est clair que la théorie merleau-pontienne du réel se révèle extrêmement proche de la théorie lacanienne, beaucoup plus proche, même, que les nombreux commentaires consacrés à ce sujet n'ont pu le dire. Il se trouve que leur théorie du réel est quasiment identique sur le fond; ce n'est que par la finalité qu'il prête à leur réflexion que les deux auteurs se distingueront véritablement.

Dans un premier temps, les deux penseurs français ont d'abord souligné leur différence. Pour Lacan, les thèses de la *Phénoménologie de la perception* restent encore enfermées dans l'imaginaire. Quant à Merleau-Ponty, il finit par abandonner la fréquentation du séminaire de Lacan en raison de son obscurité théorique. À la fin des années 1950 cependant, Merleau-Ponty renoue avec la psychanalyse et se rapproche beaucoup des théories lacaniennes. Notons d'abord les grandes similitudes des théories du philosophe et du psychanalyste sur le rôle de l'imaginaire dans la définition de l'objet du désir. De la même manière que Merleau-Ponty écrit que l'investissement imaginaire de l'objet par le corps peut être assimilé à la libido[65], Lacan affirme que:

> Le propre de l'image, c'est l'investissement par la libido. On appelle investissement libidinal ce en quoi un objet devient désirable, c'est-à-dire ce en quoi il se confond avec cette image que nous portons en nous, diversement, et plus ou moins, structurée.[66]

L'image est profondément liée au corps et à un investissement libidinal qui «transforme» (l'objet «*devient* désirable», écrit Lacan) l'objet en cette image même. L'imaginaire du corps investit l'objet et le considère comme une simple réponse à un manque qui lui est propre. Merleau-Ponty montrait de son côté que le corps tendait, selon sa propre logique, vers un objet X dans lequel il voyait la réponse à un manque[67]. Même la plus simple perception était déjà un rapport de désir[68]. Pour les deux auteurs, le désir est lié à un investissement imaginaire, intrinsèque au symbolisme, et assimilable à la libido.

Un deuxième point commun tient à la théorie lacanienne de la structure des signifiants. Le psychanalyste attache le désir à une dimension structurale et symbolique: le sujet est désir parce qu'il est lui-même un signifiant dont l'existence et le sens ne peuvent naître que relativement à

65 *Ibid.*, p. 272.

66 Lacan, Jacques, *Séminaire I, Les écrits techniques de Freud*, Paris, Seuil, 1975, p. 223.

67 Merleau-Ponty, *La Nature. Notes. Cours du Collège de France*, *op.cit.*, p. 272-273.

68 *Ibid.*, p. 272-273.

un autre signifiant. Selon le psychanalyste, il n'y a pas de sujet en soi, ni d'objet donné, il y a toujours déjà un rapport de signifiants qui structure la position du sujet et de l'objet[69]. Le signifiant est, par nature, tourné vers l'altérité, tout comme l'est le corps dans la philosophie de Merleau-Ponty. Pour ce dernier, la définition du corps par le symbolisme implique que le corps ne trouve son identité que dans le rapport imaginaire à l'altérité. La pensée dualiste est tenue en échec de la même façon chez les deux penseurs français.

Enfin, le fait que Merleau-Ponty rende compte de la structure du désir à partir du réel, de l'imaginaire et du symbolisme rappelle évidemment le système RSI (réel, symbolique, imaginaire) de Lacan. Pour le psychanalyste, le désir résulte de l'impossible atteinte réelle de «la Chose», autrement dit de l'objet imaginaire dans lequel le manque croit trouver son abolition et sa satisfaction. Faute d'atteindre une satisfaction absolue dans l'objet, ce dernier devient néanmoins une satisfaction partielle et le symbole d'une autre satisfaction possible; mais, en tant que symbole, il repousse la satisfaction absolue et la réfère à une nouvelle forme d'altérité. Pour le dire en termes lacaniens, la réduction du grand Autre au petit autre imaginaire est marquée par l'impossibilité. Persiste toujours un résidu, que Lacan nomme objet «a», et qui signifie que tout fantasme sur l'altérité fait un jour face à sa propre impossibilité: le réel est l'expérience de cette jouissance impossible. La chaîne signifiante est ainsi désir dans la mesure où l'obtention de la Chose est sans cesse distanciée par l'objet symbolique, c'est-à-dire par le rapport des signifiants entre eux. Chez Merleau-Ponty, le désir est structuré par la dimension symbolique du corps. Le corps tend vers l'altérité en laquelle il croit voir une solution à son manque. Mais il s'aperçoit bientôt que l'altérité reflète en fait la vacuité de ses propres projections imaginaires. Pour ces deux auteurs, le désir s'explique par une relation symbolique où l'obtention de l'objet imaginaire, l'objet X chez Merleau-Ponty, la Chose chez Lacan, révèle sans cesse son impossibilité. L'expérience du réel est liée à cette impossibilité parce que celle-ci révèle la résistance de l'altérité à nos prises subjectives.

69 «La psychanalyse n'est ni une *Weltanschauung*, ni une philosophie qui prétend donner la clé de l'univers. Elle est commandée par une visée particulière, qui est historiquement définie par l'élaboration de la notion de sujet. Elle pose cette question de façon nouvelle, en reconduisant le sujet à sa dépendance signifiante.» LACAN, Jacques, *Séminaire IV, La relation d'objet*, Paris, Seuil, 1994, p. 73. «Le signifiant s'avère premier en toute constitution d'un sujet». LACAN, Jacques, *Autres Écrits*, Paris, Seuil, 2001, p. 175.

Ces points communs maintiennent toutefois une différence de terminologie qui ne semble pas sans conséquences. Identique au niveau des structures problématiques, la conception lacanienne du symbolique est néanmoins liée au signifiant alors que celle de Merleau-Ponty s'attache au corps. Y a-t-il là une divergence fondamentale ? Merleau-Ponty semblait le penser comme en témoigne l'une de ses remarques au colloque de Bonneval consacré à l'inconscient. L'auteur de *Signes* considère l'approche lacanienne comme essentiellement liée au langage et ne se reconnaît pas dans ce privilège accordé à l'aspect langagier de la structure :

> Seulement, ce symbolisme primordial, ne faut-il pas le chercher, plutôt que dans le langage proprement dit – « j'éprouve quelquefois un malaise à voir la catégorie du langage prendre toute la place » – dans une certaine articulation perceptive...[70]

Il y aurait, d'une part, une compréhension de l'inconscient comme chair chez le philosophe ; un inconscient comme « sentir ». Et, d'autre part, un inconscient comme langage chez le psychanalyste. Les commentateurs confirment d'ailleurs ce point et insistent sur le fait que la question du langage et de la chair est au cœur du désaccord entre les deux auteurs[71].

Il nous semble pourtant que l'existence de ce désaccord repose sur une mauvaise interprétation de la notion lacanienne de signifiant. Lier exclusivement ce dernier à une dimension du langage, comme Merleau-Ponty lui-même le fait lorsqu'il affirme que le langage « prend toute la place », revient à réduire considérablement le champ de l'inconscient. Cette interprétation repose, nous semble-t-il, sur une compréhension erronée d'une phrase célèbre de Lacan : celle selon laquelle « l'inconscient est structuré comme un langage ». La dimension de comparaison impliquée par le « comme » est tout à fait fondamentale. L'inconscient n'est pas essentiellement langage mais ce dernier nous offre un modèle du fonctionnement de l'inconscient. Tout comme Merleau-Ponty a considéré la découverte saussurienne du diacritique comme un paradigme général de l'expérience, Lacan voit dans le langage une manifestation particulière de la structure des signifiants. Le sens de la phrase de Lacan consiste à montrer la nature fondamentalement structurale et logique du champ de

70 Merleau-Ponty, *Parcours Deux*, *op. cit.*, p. 274.

71 C'est « la problématique du langage et son rapport à l'inconscient, qui divise significativement nos deux auteurs » écrit par exemple Alexandra Renault ; voir : « Phénoménologie de l'imaginaire et imaginaire de la phénoménologie : Merleau-Ponty lecteur de Sartre et Freud » dans *Chiasmi International* 5, *Le réel et l'imaginaire*, Paris-Milan-Memphis, Vrin-Mimesis-University of Memphis, 2003, p. 149-179.

l'inconscient et non pas à assimiler l'inconscient au langage. Certes, il ne s'agit pas de nier l'importance de ce dernier pour le psychanalyste. Mais tout en apparaissant dans la parole, la structure des signifiants peut aussi investir le corps, traduire un style d'être autant qu'un style linguistique. Ainsi Lacan écrit-il que «le signifiant emprunte toute une série d'éléments qui sont liés à un terme profondément engagé dans le signifié, à savoir le corps.»[72] La question d'un fonctionnement symbolique lié au corps, qui engage notre compréhension du réel et de l'imaginaire, se trouvait déjà chez Lacan dans des termes très proches de ceux de Merleau-Ponty.

> Il y a d'abord un narcissisme qui se rapporte à l'image corporelle. Cette image est identique pour l'ensemble des mécanismes du sujet et donne sa forme à son *Umwelt*, en tant qu'il est homme et non pas cheval. Elle fait l'unité du sujet, et nous la voyons se projeter de mille manières, jusque dans ce qu'on peut appeler la source imaginaire du symbolisme, qui est ce par quoi le symbolisme se relie au sentiment... que l'être humain a de son propre corps...
> L'autre, l'alter ego, se confond plus ou moins, selon les étapes de la vie, avec l'Ich idéal [...] L'identification narcissique [...] c'est l'identification à l'autre qui, dans le cas normal, permet à l'homme de situer avec précision son rapport imaginaire et libidinal au monde en général. C'est là ce qui lui permet de *voir* à sa place, et de structurer, en fonction de cette place et de son monde, son être... son être libidinal.[73]

Lacan parle d'abord d'un narcissisme corporel dont on peut remarquer qu'il se réalise selon un processus identique à celui que Merleau-Ponty décrit pour «le schéma corporel». Du sentiment que l'être humain a de son propre corps, sentiment construit inconsciemment par l'imaginaire, naît une certaine forme de rapport à l'altérité comme rapport d'identification. Le médium fondamental du rapport à l'autre est un rapport libidinal, un rapport de désir, constitué et défini par le fantasme inconscient de l'individu. L'altérité est perçue comme ce qui ne se réduit jamais à ce fantasme. La proximité des deux descriptions semble ici frappante.

Il n'est donc pas certain que Lacan considère le langage comme l'élément unique d'explication. Le symbolique est une structure signifiante qui s'intègre au langage mais qui est susceptible de se retrouver dans le corps. Or ce point est identique chez Merleau-Ponty. Le symbolisme corporel, que Merleau-Ponty décrit à travers la métaphore de la chair, existe dans le langage mais ne se limite pas à lui. L'auteur de la *Phénoménologie*

72 Lacan, Jacques, *Séminaire IV, La relation d'objet*, *op. cit.*, p. 51.
73 Lacan, *Séminaire I, Les écrits techniques de Freud*, *op. cit.*, p. 199.

de la perception parle à la fois de chair du monde, de chair de l'être, de chair du langage, de chair du corps, montrant par là que la structure du symbolisme s'inscrit dans tous les champs de la vie. Pour Lacan comme pour Merleau-Ponty, il existe une structure fondamentale qui articule l'expérience, une structure qui investit à la fois nos paroles et nos actes, le langage et le corps, et qui ne peut être réduite à sa seule dimension linguistique. S'il y a une différence des deux penseurs français, elle ne réside donc pas dans la place qu'ils accordent au corps. L'un comme l'autre conçoivent la structure symbolique comme inhérente à ce dernier.

D'une certaine manière, Merleau-Ponty et Lacan avaient compris, presque malgré eux, que la confrontation de leur pensée ouvrait pour l'un et l'autre certaines failles essentielles au mouvement même de leur réflexion. Malgré ses critiques envers Merleau-Ponty, notamment sur la question de l'imaginaire, Lacan n'a cessé de reprendre les travaux du philosophe sur la structuration de la vie perceptive. Malgré sa persistance à vouloir se différencier de Lacan sur la question du langage, Merleau-Ponty reconnaît que les théories du psychanalyste ouvrent une conceptualisation plus profonde de l'expérience.

> Quand le docteur Lacan écrit que la phénoménologie de l'hallucination, dans la mesure même où elle essaie d'être rigoureuse, passe les limites d'une philosophie de la conscience, il retrace le chemin d'une phénoménologie qui s'approfondit.[74]

« Une phénoménologie qui s'approfondit » ; comme le psychanalyste, Merleau-Ponty éprouve le besoin de quitter les phénomènes immédiats de la conscience pour déceler ce qu'ils masquent. Phénoménologie et psychanalyse seraient en quête d'une même latence. Toutefois, dans la *Préface au livre du Docteur Hesnard*, Merleau-Ponty en dit finalement assez peu sur cet approfondissement de la phénoménologie. On a souvent pensé que celui-ci s'incarnait dans l'ontologie de la chair que Merleau-Ponty proposait. Sur ce point en particulier, la confrontation des deux auteurs français apporte une tout autre perspective, plus féconde à nos yeux.

Le rapport de Merleau-Ponty à l'ontologie demeure ambigu. Tout en cherchant à fonder une théorie nouvelle de l'être, Merleau-Ponty définit aussi à travers la réversibilité une dimension qu'il nomme souvent préontologique, comme une sorte de zéro d'être à partir duquel naîtrait l'être lui-même. Ces considérations restent pour l'instant un peu abstraites, nous y reviendrons dans les pages qui suivent ; elles permettent

74 Merleau-Ponty, *Parcours Deux*, *op. cit.*, p. 282.

néanmoins de montrer que la théorie structurale de la réversibilité pourrait définir une dimension qui n'est pas absolument réductible à celle de la chair. C'est ce point en particulier que Lacan a très bien perçu. Le psychanalyste montre que la réversibilité peut être un schème pertinent pour traduire la structure de l'expérience du réel et du désir, mais que la chair recouvre, elle, le risque d'un retour à la métaphysique.

> Il s'agit pour lui (Merleau-Ponty) de restaurer [...] de reconstituer la voie par laquelle, non point du corps, mais de quelque chose qu'il appelle la chair du monde, a pu surgir le point originel de la vision. Il semble qu'on voie ainsi, dans cet ouvrage inachevé, se dessiner quelque chose comme la recherche d'une substance innomée d'où moi-même, le voyant, je m'extrais. Des rets, ou rais si vous voulez, d'un chatoiement dont je suis d'abord une part, je surgis comme un œil, prenant en quelque sorte, émergence de ce que je pourrais appeler la fonction de la voyure. Une odeur sauvage en émane, laissant entrevoir à l'horizon la chasse d'Artémis – dont la touche semble s'associer à ce moment de tragique défaillance où nous avons perdu celui qui parle.[75]

Dans cette retranscription de la théorie de la chair, on sent que Lacan prend quelque distance. Il y a dans la sacralisation de la chair une forme de substantialisme non loin des théories métaphysiques traditionnelles. Si l'on considère que l'expérience du sujet peut se définir comme une déclinaison particulière, un «chatoiement» de l'unité charnelle fondamentale, on risque de restaurer l'idée d'une unité originaire donnée. Lacan voit même dans la chair le rétablissement d'une forme de substance et il critique notamment à travers les termes de «rets» ou de «rais» les deux métaphores principales par lesquelles Merleau-Ponty met en place son ontologie : celle du tissu, où l'expérience individuelle est conçue comme la dentelle d'une étoffe première et commune; et celle du rayon, où chaque vécu se présente comme le rayonnement singulier et partiel d'un monde total.

Certes, l'analyse de Lacan ne rend pas compte de toutes les nuances de la chair. Merleau-Ponty semble à la fois accorder une très grande valeur à cette notion et maintenir une distance vis-à-vis d'elle. D'un côté, il souhaite l'existence d'une «philosophie de la chair» et pense que cette philosophie peut éclairer certaines contradictions de la science, de la psychanalyse et de la philosophie. D'un autre côté, comme nous le verrons plus en détails dans les pages suivantes, la chair est explicitement désignée

75 Lacan, Jacques, *Séminaire XI, Les quatre concepts fondamentaux de la psychanalyse*, Paris, Seuil, 1973, p. 78.

comme une métaphore. Merleau-Ponty affirme même que considérer la chair comme un concept et la décrire comme tel le conduit à des «conséquences extravagantes»[76]. Il garde donc une certaine distance théorique par rapport à ses conclusions ontologiques.

Cependant, la prudence de Lacan peut se comprendre. Malgré ces nuances, la tentation est grande d'oublier la dimension métaphorique de la chair, car Merleau-Ponty multiplie les passages où celle-ci est explicitement décrite comme un être originaire. Plusieurs textes définissant l'être de l'expérience évoquent un substantialisme assez proche de celui de Spinoza[77]. Tout comme la «substance» attribue à chaque mode sa réalité, la chair est «l'élément» qui donne à l'expérience sa facticité[78]. L'expérience perceptive est conçue comme un «rayon de monde», comme une «découpe» particulière de l'être, comme l'un de ses feuillets[79]. Merleau-Ponty prétend que l'on peut rendre plus clair les concepts de la psychanalyse si on les conçoit comme des «différenciations d'une seule et massive adhésion à l'Être qui est la chair»[80]. «C'est par la chair du monde qu'on peut en fin de compte comprendre le corps propre»[81]. Nous pourrions multiplier les exemples où la chair apparaît comme une sorte de substance originaire dont nos vécus et nos corps ne seraient finalement qu'un mode. Prendre toutes ces descriptions à la lettre et voir dans la chair un nouveau concept nous paraît donc trahir la nouveauté de la philosophie de Merleau-Ponty.

En ce sens, Lacan n'a pas tort lorsqu'il «entrevoit», à travers la figure d'Artémis, une dérive possible de la philosophie de Merleau-Ponty. Cette figure montre que Lacan voit dans la théorie merleau-pontienne de la chair le mythe renouvelé d'une Nature première. Afin d'éviter le risque d'un retour à l'idée d'un donné, il paraît donc judicieux de suivre Lacan lorsqu'il se détache de la chair pour valoriser davantage l'approche structuraliste de Merleau-Ponty.

Mais est-ce bien là, pourtant, le chemin qu'il voulait prendre ? Les traces qui nous restent de la partie à venir de sa méditation nous permettent d'en douter. Les

76 Merleau-Ponty, *Le visible et l'invisible*, *op. cit.*, p. 184.

77 Nous n'ignorons pas que Merleau-Ponty critique pourtant l'ontologie spinoziste dans ses cours sur la Nature. Cette critique n'empêche pas de retrouver certains accents spinozistes dans les extraits que nous citons.

78 *Ibid.*, p. 184.

79 *Ibid.*, p. 295.

80 *Ibid.*, p. 324.

81 *Ibid.*, p. 304.

repères qui y sont donnés, très spécialement à l'inconscient psychanalytique, nous laissent apercevoir qu'il se serait peut-être dirigé vers une recherche originale par rapport à la tradition philosophique, vers cette dimension nouvelle de la méditation sur le sujet que l'analyse nous permet, à nous, de tracer.
Quant à moi, je ne puis qu'être frappé de certaines de ses notes, pour moi moins énigmatiques qu'elles ne paraîtront à d'autres lecteurs, pour se recouvrir très exactement avec les schèmes – spécialement avec l'un d'entre eux – que je serai amené à promouvoir ici. Lisez, par exemple, cette note concernant ce qu'il appelle le retournement en doigt de gant, pour autant qu'il semble y apparaître – voir la façon dont la peau enveloppe la fourrure dans un gant d'hiver – que la conscience, dans son illusion de se voir se voir, trouve son fondement dans la structure retournée du regard.[82]

Pour Lacan, il faut quitter les interprétations substantialistes de la chair et se tourner vers la découverte merleau-pontienne d'une nouvelle forme de structuralisme: celui que Merleau-Ponty met en évidence à travers l'image du doigt de gant qui se retourne, autrement dit celui de la réversibilité. Cette remarque de Lacan sur la nouvelle voie ouverte par Merleau-Ponty nous paraît fondamentale. Nous verrons dans les pages qui suivent que les développements de Merleau-Ponty sur la chair prennent leur sens véritable, c'est-à-dire fondent une philosophie nouvelle sans revenir aux illusions de la métaphysique, si le charnel est compris comme *la métaphore d'un nouveau champ d'interprétation de l'expérience.* L'interprétation de Lacan consiste donc à distinguer la valeur des notions de chair et de réversibilité pour insister sur la plus grande pertinence de la seconde. En d'autres termes, le structuralisme de Merleau-Ponty ne serait pas totalement assimilable à son ontologie et il y aurait plus à découvrir dans la réversibilité que dans l'idée énigmatique d'un être charnel. Lacan propose une interprétation de la pensée merleau-pontienne qui ne mise pas tout sur l'ontologie de la chair.

La notion de réversibilité ouvre une approche structurale de l'expérience dont Lacan et Merleau-Ponty eux-mêmes n'ont fait que pressentir la fécondité. Merleau-Ponty voyait en elle la vérité ultime mais est resté en partie prisonnier d'une ontologie imaginaire dont Lacan a très bien perçu l'artifice. Quant au psychanalyste, même s'il présente la réversibilité comme un schème venant «recouvrir» exactement ses propres découvertes, il a en fait trouvé en elle une notion tout à fait neuve et originale pour comprendre la structure de l'expérience perceptive. On pourrait

82 LACAN, *Séminaire XI*, *Les quatre concepts fondamentaux de la psychanalyse*, *op. cit.*, p. 78.

donc dire qu'il existe une grande proximité des deux auteurs. Tous deux ont la volonté de remettre en question la primauté d'un certain champ conceptuel dans la compréhension de l'expérience et de tenir rigoureusement compte des conséquences de la découverte de l'inconscient. D'un point de vue «technique», leur réflexion est en fait très proche.

S'ils ont néanmoins tenu, l'un comme l'autre, à conserver explicitement leur différence, ce n'est pas seulement en vue de maintenir leur propre singularité ou perspective. Car la proximité théorique est peu de chose si elle ne se fait pas en vue d'une même finalité pratique. Or, de fait, leurs pensées se développent au sein de deux projets très différents. Lacan a toujours insisté sur la perspective thérapeutique de sa démarche théorique. Pour Merleau-Ponty, le champ est autre: il s'agit pour lui d'aborder la philosophie d'une manière neuve, qui ne cède pas devant les présupposés habituels du réalisme ou de l'idéalisme, une philosophie concrète, fondée sur l'expérience, mais dont l'empirisme ne constitue pas le modèle. Pour comprendre cette nouvelle philosophie et son approche du réel, il est alors temps d'expliquer le rapport entre le réel, la réversibilité et l'ontologie merleau-pontienne de la chair.

Réel et ontologie de la chair: vers une philosophie concrète

Chapitre 3

Distinguer la réversibilité de la chair, porter l'accent sur la structure qu'elle représente plutôt que sur les projets ontologiques de Merleau-Ponty, conduit à insister sur un principe fondamental de la structure réversible: celui de son ouverture et de son inachèvement. Ce principe apparaît à travers la description de l'impossible réalisation de l'unité de l'être charnel. La chair désigne explicitement l'unité imaginaire et la correspondance fantasmatique du réel et des attentes du corps.

> La chair, le *Leib*, ce n'est pas une somme de *se toucher* (de «sensations tactiles»), mais pas non plus une somme de sensations tactiles + «des kinesthèses», c'est un «je peux» – Le schéma corporel ne serait pas *schéma* s'il n'était pas contact de *soi* à *soi* (qui est plutôt *non-différence*) (présentation commune à… X) La chair du monde, (le «quale») est indivision de cet Être sensible que je suis, et de tout le reste qui se sent en moi, indivision plaisir-réalité — La chair *est phénomène de miroir* et le miroir est extension de mon rapport à mon corps.[1]

L'ontologie de la chair se développe à partir du processus psychologique décrit précédemment. Le schéma corporel et le phénomène du miroir, tous deux liés au travail de l'imaginaire propre à la réversibilité, sont mis en parallèle avec la chair du monde comme «indivision». Tout comme le miroir crée une identification imaginaire entre principe de plaisir et principe de réalité, la chair est «indivision de cet Être sensible que je suis, et de tout le reste qui se sent en moi». La chair comme dimension ontologique unitaire repose donc sur un processus d'empathie imaginaire: l'*Einfühlung*, écrit Merleau-Ponty.

1 Merleau-Ponty, *Le visible et l'invisible*, *op. cit.*, p. 309.

Chair du monde, décrite (à propos de temps, espace, mouvement) comme ségrégation, dimensionnalité, continuation, latence, empiétement – Puis interroger derechef ces phénomènes-questions: ils nous renvoient à *Einfühlung* percevant-perçu, car ils veulent dire que nous sommes déjà *dans* l'être ainsi décrit, que nous *en sommes*, que, entre lui et nous, il y a *Einfühlung*.
Cela veut dire que mon corps est fait de la même chair que le monde (c'est un perçu), et que de plus cette chair de mon corps est participée par le monde, il la *reflète*, il empiète sur elle et elle sur lui (le senti à la fois comble de subjectivité et comble de matérialité), ils sont dans rapport de transgression ou d'enjambement.[2]

L'être, en tant qu'il est chair, incarne donc la projection narcissique du manque corporel dans le réel. Dire que le corps est fait de la même chair que le monde, qu'il la reflète, considérer cette totalité charnelle comme un être, revient à créer une indivision illusoire. Tout comme il y avait dans la psychologie de Schilder une «zone indifférenciée» entre l'image du corps et le monde, l'ontologie de la chair définit une zone indifférenciée du corps et du monde sur le plan ontologique. La notion de chair fait reposer l'être sur les projections imaginaires du corps. Il faut ainsi «comprendre l'imaginaire par l'imaginaire du corps – et non comme *néantisation* qui *vaut pour* observation mais comme la vraie *Stiftung* de l'Être dont l'observation et le corps articulé sont variantes spéciales.»[3] La chair incarne le processus d'empathie par lequel l'image du corps investit l'altérité et tend à s'identifier à elle. «L'épaisseur du corps, loin de rivaliser avec celle du monde, est au contraire le seul moyen que j'ai d'aller au cœur des choses, en me faisant monde et en les faisant chair.»[4]

Ce fantasme d'identification à travers un être «comme-Un», où le corps et l'altérité seraient l'envers et l'endroit d'un même être, se retrouve dans l'expérience d'autrui.

L'expérience de mon corps et celle d'autrui sont elles-mêmes les deux côtés d'un même Être: là où je dis que je vois autrui, en vérité il arrive que j'objective mon corps, autrui est l'horizon ou l'autre côté de mon corps – c'est ainsi qu'on parle à autrui quoi qu'on ait affaire qu'à soi.[5]

Ou dans celle du toucher:

Toucher, c'est se toucher. À comprendre comme: les choses sont le prolongement de mon corps et mon corps est le prolongement du monde, par lui le monde

2 *Ibid.*, p. 302.
3 *Ibid.*, p. 316.
4 *Ibid.*, p. 178.
5 *Ibid.*, p. 278.

m'entoure – si je ne puis toucher mon mouvement, ce mouvement est entièrement tissé de contact avec moi – il faut comprendre le toucher et le se toucher comme l'envers l'un de l'autre.[6]

Toucher et se toucher sont l'envers l'un de l'autre. Le rapport du corps à lui-même et à l'altérité est réversible. La chair décrit donc une expérience où le réel et l'imaginaire du corps sont l'envers et l'endroit d'un même être.

Il faut néanmoins garder à l'esprit que Merleau-Ponty a toujours considéré cet être charnel unitaire, cet être à plusieurs feuillets qui ne se montre jamais dans sa totalité, comme une projection imaginaire. L'unité ontologique ne reflète qu'un aspect du processus structural de l'expérience, à savoir son aspect fantasmatique. C'est pourquoi nous pensons que la chair ne peut absolument pas être confondue avec le réel. Pour que le réel surgisse dans l'expérience, il faut justement que la chair comme unité de l'être, comme unité des désirs du corps et de l'altérité se révèle comme une unité impossible. Persiste entre le réel et les attentes imaginaires du corps un hiatus, un écart irrémédiable qui rend l'unité charnelle irréalisable. Si la structure de l'expérience est bien réversible, cette réversibilité demeure inévitablement inachevée.

Le principe de l'inachèvement de la réversibilité apparaît notamment, chez Merleau-Ponty, à partir de l'analyse des deux mains qui se tiennent l'une l'autre ; une image bien connue que l'auteur de la *Phénoménologie de la perception* emprunte à Husserl. Si la main gauche saisit la main droite en train de toucher un objet, celle-ci, en même temps que touchante, se verra reléguée au rang d'objet pour la main gauche. Au sein d'une même expérience le corps éprouve sa duplicité, sa capacité à être à la fois touchant et touché. Mais ressentir, au même instant, l'activité et la passivité du corps se révèle néanmoins impossible. Même si l'expérience prouve qu'il est possible de revêtir les deux rôles, on ne peut pas avoir conscience des deux à la fois. La réversibilité du corps, qui d'un même mouvement l'ouvre à lui-même et le rend apte à accueillir l'altérité, condamne néanmoins à n'éprouver qu'une seule facette de ce mouvement. « C'est que la *réversibilité* n'est pas *identité* actuelle du touchant et du touché. C'est leur identité *de principe* (toujours manquée). »[7] C'est pourquoi :

Il est temps de souligner qu'il s'agit d'une réversibilité imminente et jamais réalisée en fait. Ma main gauche est toujours sur le point de toucher ma main droite

6 *Ibid.*, p. 308.

7 *Ibid.*, p. 325-326. Nous soulignons.

en train de toucher les choses, mais je ne parviens jamais à la coïncidence; elle s'éclipse au moment de se produire, et c'est toujours de deux choses l'une: ou vraiment ma main droite passe au rang de touché, mais alors sa prise sur le monde s'interrompt, – ou bien elle la conserve, mais c'est alors que je ne la touche pas vraiment, *elle*, je ne palpe de ma main gauche que l'enveloppe extérieure.[8]

L'impossibilité de la réalisation effective de la réversibilité constitue le point essentiel de la compréhension merleau-pontienne de l'expérience. Elle empêche tout d'abord l'établissement d'une pensée objective. Celle-ci repose en effet sur l'idée que l'expérience pourrait donner un objet «un» ou une représentation parfaitement cohérente sur lesquels la pensée pourrait se développer. Or l'imminence de la réversibilité signifie au contraire que l'expérience pose toute unité comme l'horizon qu'elle cherche et qui lui échappe sans cesse. La structure réversible de l'expérience signifie ainsi que l'expérience du réel repose sur les fantasmes d'unité que nous fomentons mais que nous n'atteignons jamais.

L'impossibilité d'une réversibilité totale est ensuite la condition même de l'existence de la structure réversible. Si celle-ci implique en effet un désir, un mouvement ou un dynamisme, elle ne peut se réaliser totalement sans s'abolir. Si la réversibilité était complète, achevée, alors la tendance de l'une des facettes de la structure à rejoindre l'autre se détruirait. L'imaginaire et le réel sont en tension l'un vers l'autre précisément parce que cette tension ne se résout jamais. Le désir, dont on a vu qu'il conditionnait tout rapport à l'altérité et tout mouvement vers elle, ne demeure une capacité d'agir que si l'objet qu'il cherche lui échappe constamment. Si le manque et l'objet censé le combler étaient absolument réversibles, il n'y aurait, en fait, pas de manque.

Enfin, l'impossible réalisation de la réversibilité interdit toute ontologie objectiviste ou directe dans la mesure où elle témoigne plus de l'impossibilité de fonder l'être que d'une nouvelle conception de l'être. La réversibilité signifie que l'être «un» est un être impossible et qu'il y a dans toute ontologie le reflet imaginaire de nos attentes corporelles et libidinales. L'ontologie, à travers l'impossible confusion charnelle, montre l'imminence de la réversibilité et finit de fonder l'expérience sur une relation structurelle et dynamique du réel et de l'imaginaire. La réversibilité ne conduit pas à l'être, mais au manque d'être. Le principe d'inachèvement qui la caractérise incarne inévitablement un désir à partir duquel la réversibilité prend une fonction ontologique.

8 *Ibid.*, p. 194.

L'impossible réalisation complète de la réversibilité et le manque auquel elle nous reconduit sans cesse pourraient laisser envisager une forme de pessimisme schopenhauerien. Quoi qu'il arrive, l'expérience nous condamnerait à désirer une satisfaction de toutes façons impossible. Pourtant, il ne nous semble pas qu'un tel pessimisme puisse résulter de l'idée de réversibilité. Le manque auquel elle reconduit n'est pas un manque pur ni un vide absolu définissant la condition définitive de l'homme. L'expérience du réel n'est pas seulement une désillusion soulignant l'absurdité de nos fantasmes; elle maintient une dimension de créativité que nous voudrions à présent souligner.

Nous entendons par créativité la capacité à faire «être» quelque chose à partir d'un certain rapport au manque. L'être, disait Merleau-Ponty, est ce qui exige de nous création pour que nous en ayons l'expérience. Les lignes qui suivent pourraient être considérées comme l'explication d'une telle affirmation. L'expérience crée parce qu'elle fait être quelque chose à partir de rien. La réversibilité a une fonction ontologique. Grâce à l'étude de cette fonction, il deviendra possible de résoudre l'un des problèmes qui persiste dans notre approche du réel: s'il existe une réversibilité originaire du réel et de l'imaginaire, comment se fait-il que nous différencions tout de même des expériences réelles et des expériences illusoires? Sur quoi nos catégories ontologiques se fondent-elles? L'enjeu consiste ici à expliquer la naissance de ces catégories à partir de la réversibilité.

Nous entendrons par ontologie une doctrine philosophique qui pose, détermine ou découvre l'ensemble des critères en fonction desquels on caractérise l'être; et qui permet, en retour, d'évaluer l'être de quelque chose. Autrement dit, une ontologie correspond à l'ensemble des concepts qui permettent d'évaluer le «degré de réalité» d'une chose ou d'un phénomène quelconque à partir d'une définition de l'être. Affirmer la réalité, l'existence ou la possibilité d'une expérience suppose la définition d'un ensemble de critères ontologiques. Selon Merleau-Ponty, ces critères restent le plus souvent inconscients; nous distinguons sans réfléchir le réel de l'imaginaire. Dès que nous essayons de découvrir le fondement de cette distinction, autrement dit de comprendre les principes qui déterminent notre ontologie spontanée, nous sentons que ceux-ci nous échappent. Plus nous tentons d'expliquer l'évidence du réel, plus nous découvrons des présupposés dont la vérité peut-être remise en doute. Comme l'écrit Merleau-Ponty, nous détenons une ontologie spontanée dont les principales caractéristiques fuient la conscience et la réflexion:

> Il s'agit, avec le «réel» et l'«imaginaire», de deux «ordres», deux «scènes» ou deux «théâtres», – celui de l'espace et celui des fantômes –, montés en nous avant les actes de discrimination qui n'interviennent que dans les cas équivoques, et où ce que nous vivons vient s'installer de soi hors de tout contrôle critériologique.[9]

Ce que nous vivons s'installe «de soi hors de tout contrôle critériologique». Réel et imaginaire sont identifiés avant tout jugement de la conscience. Merleau-Ponty avait déjà remarqué cet aspect dans l'avant-propos de la *Phénoménologie de la perception* et en avait déduit l'existence d'un «savoir primordial du réel»[10]; un savoir que le philosophe avait essayé, en vain, de fonder sur la dimension originaire et positive du perçu. Chaque tentative de description du réel revenait à l'imaginaire et, à ce moment-là, la proximité du réel et de l'imaginaire était comprise comme un échec, ou tout au moins comme une difficulté de la démarche descriptive. Tout cela témoignait en fait de la réversibilité des deux dimensions; mais Merleau-Ponty, du fait de sa trop grande proximité avec la conception sartrienne de l'imaginaire, ne développait pas encore de démarche structurale. Au contraire, dans *Le visible et l'invisible*, le philosophe français renouvelle le constat de la *Phénoménologie de la perception*, mais en modifie l'interprétation. Réel et imaginaire ne sont plus des dimensions définissables en elles-mêmes mais des «ordres», des «scènes» ou des «théâtres». Autrement dit, la nature ontologique d'une expérience dépend d'une certaine «mise en scène», d'une certaine interprétation, non pas maîtrisée par une conscience toute puissante mais par une structure dont les ressorts échappent en partie à notre vigilance. La réversibilité permet la fondation de notre ontologie: nous attribuons aux expériences, aux perceptions, aux sensations et à toute forme d'expression en général, des degrés de réalité, en fonction d'un effet de structure.

Il faut donc comprendre comment les qualificatifs de réel ou d'imaginaire sont attribués. Ces derniers ont beau être réversibles, il n'en reste pas moins que certaines expériences sont dites «réelles», et uniquement réelles, et que d'autres sont qualifiées «d'illusoires».

> Ainsi le rapport des choses et de mon corps est décidément singulier: c'est lui qui fait que, quelquefois, je reste dans l'apparence et lui encore qui fait que, quelquefois, je vais aux choses mêmes; c'est lui qui fait le bourdonnement des apparences, lui encore qui le fait taire et me jette en plein monde. Tout se passe comme si mon pouvoir d'accéder au monde et celui de me retrancher dans les fantasmes n'allaient

9 *Ibid.*, p. 62.

10 Merleau-Ponty, *Phénoménologie de la perception*, *op. cit.*, p. XI.

pas l'un sans l'autre. Davantage: comme si l'accès au monde n'était que l'autre face d'un retrait, et ce retrait en marge du monde une servitude et une expression de mon pouvoir naturel d'y entrer.[11]

Le corps ouvre parfois sur l'apparence, parfois sur les choses mêmes. Quelquefois replié sur ses propres fantasmes, il permet d'autres fois l'ouverture à l'altérité. Et pourtant ces deux moments, quoique distincts, ne sont pas sans lien. Le fantasme comme retrait imaginaire vis-à-vis du monde est l'autre face de l'immersion dans le réel. La réversibilité du réel et de l'imaginaire me conduit tantôt vers l'un tantôt vers l'autre. Comment la structure réversible nous conduit-elle à nommer «illusions» certaines expériences et à en considérer d'autres comme «réelles»? Comment expliquer la naissance de l'ontologie à partir de la structure fondamentale la réversibilité? Pourquoi parler d'une fonction ontologique de la réversibilité?

L'idée d'une fonction ontologique de la structure apparaît d'abord en filigrane à travers l'une des caractérisations de la réversibilité. Merleau-Ponty se réfère parfois à la notion kantienne d'«opposition réelle»[12] pour définir le rapport structurel entre les différentes dimensions.

Le chiasme, la réversibilité, c'est l'idée que toute perception est doublée d'une contre-perception (opposition réelle de Kant), est acte à deux faces, on ne sait plus qui parle et qui écoute.[13]

L'auteur de la *Phénoménologie de la perception* reste toutefois assez évasif sur les conséquences de ce rapprochement entre la notion kantienne d'opposition réelle et la réversibilité. Les notes qui y font allusion sont souvent rapides et n'explicitent pas vraiment le sens de cette assimilation. Comment interpréter la proximité de la réversibilité et de l'opposition réelle?

«L'opposition réelle» se différencie chez Kant de «l'opposition logique».

Deux choses sont opposées entre elles lorsque le fait de poser l'une supprime l'autre. Cette opposition est double: soit logique (par la contradiction), soit réelle (sans contradiction). On n'a considéré jusqu'ici que la première opposition ou opposition logique. Elle consiste à affirmer et à nier quelque chose d'un même

11 Merleau-Ponty, *Le visible et l'invisible*, *op. cit.*, p. 23.

12 Remarquons qu'il fait également référence au concept kantien et à l'essai sur *le concept de grandeur négative* dans une conférence consacrée à l'inconscient, notion dont on a montré les liens très forts à la dimension symbolique du corps et à son aspect réversible.

13 *Ibid.*, p. 318.

sujet. Cette connexion logique est sans conséquence, comme l'énonce le principe de contradiction. Un corps en mouvement est quelque chose, un corps qui n'est pas en mouvement est aussi quelque chose; seul un corps qui sous le même rapport serait à la fois en repos et en mouvement n'est rien.
La deuxième opposition, l'opposition réelle, est telle que deux prédicats d'un sujet sont opposés, mais sans contradiction. Certes une chose détruit également ce qui a été posé par une autre, mais ici la conséquence est quelque chose.[14]

L'opposition réelle s'oppose ainsi au principe de contradiction. Alors que l'opposition logique considère comme impossible l'association de deux prédicats contradictoires en un même sujet, l'opposition réelle permet leur confrontation. Il faut noter qu'il existe par ailleurs une différence ontologique dans les conséquences de chacune de ces structures d'opposition. Dans l'opposition logique, les deux dimensions opposées s'annulent et leur association ne produit rien de plus que ce qui existait avant leur rencontre. Le principe de contradiction reste pure abstraction et se révèle sans conséquence ontologique.

Dans l'incompatibilité logique on ne considère que le rapport par lequel les prédicats d'une chose et leurs conséquences se suppriment réciproquement par la contradiction. Lequel des deux prédicats est véritablement affirmatif (*realitas*) et lequel véritablement négatif ? On ne s'en soucie pas le moins du monde.[15]

La nature réelle ou non des deux dimensions ne fait pas problème puisque leurs effets éventuels sont immédiatement abolis par leur opposition. Un corps qui serait à la fois en repos et en mouvement n'est rien. « Il n'y a *absolument* rien dans la suppression par contradiction. »[16]

Au contraire, l'opposition réelle est une structure non dénuée de conséquences ontologiques.

La deuxième opposition, l'opposition réelle, est telle que deux prédicats d'un sujet sont opposés, mais sans contradiction. Certes une chose détruit également ce qui a été posé par une autre, mais ici la conséquence est quelque chose.[17]

Dans le cas de l'opposition réelle, la rencontre des deux dimensions suppriment certes leurs effets mais crée quelque chose. Ce « quelque chose » n'est assimilable à aucune des deux dimensions. Il tient sa singularité et

14 Kant, Emmanuel, *Essai pour introduire en philosophie le concept de grandeur négative*, trad. de Roger Kempf, Paris, Vrin, 1991, p. 19.

15 *Ibid.*, p. 20.

16 *Ibid.*, p. 21. Nous soulignons.

17 *Ibid.*, p. 19.

son être de leur seule confrontation. Si un objet subit une force latérale qui le pousse vers la gauche et une force identique le poussant vers la droite, il en résultera un état d'équilibre indéfinissable en soi. Seul le rapport des deux forces en question permet de le caractériser. Kant appelle le résultat de l'opposition réelle un «rien relatif»[18] qui s'oppose donc au «rien absolu» de l'opposition logique.

La distinction entre ces deux «rien» permet de comprendre à quoi tient la différence ontologique des deux types d'oppositions. Kant l'explique par l'exemple suivant.

> Une personne qui aurait envers une autre une dette active A = 100 florins serait fondée à recouvrer une pareille somme. Mais supposez que la même personne ait aussi une dette passive B = 100 florins, elle est tenue alors de débourser cette somme. Les deux dettes réunies forment un capital de zéro ; il n'y a pas d'argent à donner et il n'y en a pas à recevoir.
> On se rend aisément compte que ce zéro est un rien relatif, attendu que seule une *certaine* conséquence n'est pas ; ainsi, dans l'exemple précédent un *certain* capital...[19]

La différence entre le rien absolu et le rien relatif est que ce dernier est «un certain» rien, autrement dit un rien déterminé. La différence ontologique entre les deux types d'opposition tient au fait que le rien relatif ouvre sur autre chose que lui-même dans la mesure où il n'est pas pur néant, mais rien relatif à une chose déterminée. Le rien relatif est manque de quelque chose. Parce qu'elle se rapporte à un rien relatif, qui représente le manque d'une chose particulière, la conséquence de l'opposition réelle est quelque chose. Celle-ci a ainsi une fonction ontologique.

La comparaison de la réversibilité et de l'opposition réelle montre donc que la structure réversible a une fonction ontologique propre : les éléments qui sont l'envers l'un de l'autre abolissent leurs caractères réciproques mais créent un élément nouveau, un élément qui n'aurait pu exister sans leur rencontre.

Par ailleurs, dans l'opposition réelle, les forces ou dimensions contraires sont co-présentes. L'une est dite positive et l'autre négative. Mais Kant insiste sur le fait que la différence de dénomination n'implique pas une différence ontologique donnée. Positive et négative sont des caractérisations qui dépendent de l'attention plus ou moins grande portée à l'une des forces de l'opposition.

18 *Ibid.*, p. 21.
19 *Ibid.*, p. 21-22. Nous soulignons.

Il est cependant préférable d'ajouter le nom de négatif à l'objet auquel on fait surtout attention quand on veut indiquer son opposé réel. Par exemple, il est plus pertinent d'appeler les dettes des capitaux négatifs que de les qualifier de dettes positives, bien que la différence ne réside pas dans le rapport d'opposition lui-même, mais dans la relation du résultat de ce rapport au but visé en définitive.[20]

Est appelée négative la dimension qui est précédée du signe «–», mais, en tant que grandeur, elle est tout aussi positive que celle à laquelle elle s'oppose. La dénomination de négative correspond au point de vue adopté, à l'attention plus ou moins grande portée à l'un ou l'autre des prédicats. Ce qui compte est «la relation du résultat de ce rapport au but visé en définitive». Autrement dit, il n'y a pas de nature ontologique dans la structure même. Si la structure a une fonction ontologique, si elle crée un zéro qui est quelque chose, elle n'a en revanche pas, en elle-même, d'identité ontologique donnée.

On retrouve cette idée chez Merleau-Ponty dans la description de la réversibilité. La relation structurelle du réel et de l'imaginaire ne met pas en relation deux entités données. La réversibilité s'articule, écrit plusieurs fois Merleau-Ponty, autour d'un «zéro d'être» qui n'a pas en lui-même d'identité ontologique: il n'est ni être ni néant, il est comme le zéro de pression entre deux solides qui fait qu'ils adhèrent l'un à l'autre[21]. À plusieurs reprises, Merleau-Ponty montre que la dimension de l'être s'articule à partir d'un zéro initial, un zéro sans identité ontologique propre et qui ne peut être défini que par le rapport structural de la réversibilité. «Il s'agit d'une négation-référence (zéro de…) ou écart»[22].

La tâche de la philosophie doit alors consister à:

Montrer comment le monde s'articule à partir d'un zéro d'être qui n'est pas néant, c'est-à-dire s'installer sur le bord de l'être, ni dans le pour-soi, ni dans l'en-soi, à la jointure, là où se croisent les multiples entrées du monde.[23]

Le problème ne consiste pas à saisir par le concept un réel donné, mais à comprendre comment naît la différenciation ontologique du réel et de l'imaginaire à partir d'une description de la structure de l'expérience:

Pour moi, c'est la structure ou la transcendance qui explique, et l'être et le néant (au sens de Sartre) en sont deux propriétés abstraites. Pour une ontologie du

20 *Ibid.*, p. 25.
21 Merleau-Ponty, *Le visible et l'invisible, op. cit.*, p. 195.
22 *Ibid.*, p. 311.
23 *Ibid.*, p. 314.

dedans, il n'y a pas à construire la transcendance, elle est d'abord, comme Être doublé de néant, et ce qui est à expliquer c'est son dédoublement (d'ailleurs jamais chose faite) – décrire la structure, tout est là...[24]

«Décrire la structure, tout est là». Le rapprochement de la réversibilité et de l'opposition réelle de Kant nous permet d'avancer dans la compréhension du fonctionnement de cette structure. En elle-même, la réversibilité n'a pas de nature ontologique. Merleau-Ponty est même parfois tenté de définir la structure comme une dimension non-ontologique, voire pré-ontologique. Une note de travail du 27 octobre 1959 assimile ainsi «la zone de transcendance» que la structure incarne à un «pré-Être»[25]. En revanche, la réversibilité a une fonction ontologique. L'opposition réelle des deux éléments qu'elle confronte définit un point origine à partir duquel la différence ontologique naît.

Que signifie cette caractérisation de la réversibilité pour l'expérience? En quoi l'éclaire-t-elle? La structure n'aurait pas d'identité ontologique mais seulement une fonction ontologique, c'est-à-dire qu'elle fonderait inconsciemment nos jugements de réalité. Cette déduction appelle une analyse de cas concrets.

Un exemple merleau-pontien de désillusion permet d'éclairer le fonctionnement de la réversibilité du réel et de l'imaginaire ainsi que sa fonction ontologique. Reprenons l'exemple de la confusion entre la pièce de bois polie et le rocher argileux que Merleau-Ponty développe dans *Le visible et l'invisible*[26]. Je crois voir au loin, sur le sable, une pièce de bois alors qu'une perception ultérieure me révèle qu'il s'agit en fait d'une simple roche. La seconde expérience apparaît comme un démenti de la première et le jugement considère celle-ci comme une illusion, et celle-là comme une réalité. Pourtant, Merleau-Ponty semble affirmer que la «réalité» n'appartient pas plus à la seconde expérience qu'à la première et que l'ensemble de ces jugements repose sur une structure plus complexe:

Ce que je puis conclure de ces désillusions ou déceptions, c'est donc que peut-être la «réalité» n'appartient définitivement à aucune perception particulière, qu'en ce sens elle est *toujours plus loin*, mais cela ne m'autorise pas à rompre ou à passer sous silence le lien qui les réunit l'une après l'autre au réel, qui ne peut être rompu avec l'une sans d'abord être établi avec la suivante, de sorte qu'il n'y a pas

24 *Ibid.*, p. 290.
25 *Ibid.*, p. 266.
26 *Ibid.*, p. 63.

de *Schein* sans *Erscheinung*, et que tout *Schein* est la contrepartie d'une *Erscheinung*, et que le sens du «réel» n'est pas réduit à celui du probable, et qu'au contraire le «probable» évoque une expérience définitive du «réel» dont l'échéance est seulement différée.[27]

Toutes les perceptions sont liées au réel, «rien ne m'autorise à rompre le lien qui les réunit l'une après l'autre» à lui; et pourtant la réalité n'appartient définitivement à aucune d'elles. Comment comprendre ce paradoxe ? Le réel apparaît bien comme une évidence toujours déjà présente mais reste insaisissable dans la singularité de chaque perception. Le fait de considérer la seconde perception comme réelle, explique Merleau-Ponty, ne repose pas sur une plus ou moins grande cohérence rationnelle ni sur un jugement de probabilité[28]. On ne peut avoir l'idée de rechercher cette rationalité ou cette probabilité que parce qu'une nouvelle évidence a surgi, différente de celle de l'expérience précédente. Maintenant, il me semble évident que ce que je perçois est une roche et non pas un morceau de bois. Mais le même sentiment d'évidence existait au moment de la première perception. «La désillusion n'est la perte d'une évidence que parce qu'elle est l'acquisition d'une *autre évidence*.»[29] Tout jugement de réalité ou d'illusion repose ainsi sur une évidence première qui incarne pour nous, sur le moment même, le réel en tant que tel. Notre jugement ontologique se fonde sur ce sentiment d'évidence.

Lorsqu'une illusion se dissipe, lorsqu'une apparence éclate soudain, c'est toujours au profit d'une nouvelle apparence qui reprend à son compte la fonction ontologique de la première.[30]

L'expérience d'une évidence devient le critère selon lequel s'établit la valeur de réalité d'autres expériences. Elle a, écrit Merleau-Ponty, une «fonction ontologique». Il ne faut toutefois pas voir dans l'expérience de l'évidence la trace d'une dimension en soi. On se souvient que l'erreur de Merleau-Ponty dans la *Phénoménologie de la perception* avait été de considérer l'évidence comme une sorte de réel «pur», comme une dimension originelle et positive. À présent, l'évidence ressentie apparaît comme l'envers d'une présupposition imaginaire inconsciente, comme la face visible d'une structure qui en possède une autre invisible. Et l'envers imaginaire intervient dans

27 *Ibid.*
28 *Ibid.*
29 *Ibid.*
30 *Ibid.*

la constitution même de l'évidence. Développons l'exemple de Merleau-Ponty. La première perception me donne la présence d'une pièce de bois polie. À partir de cette perception, j'accorde à l'objet perçu une certaine matérialité, un poids, une couleur, une consistance. J'imagine que je pourrai éventuellement utiliser ce bois pour nourrir un feu de camp, ou m'en servir comme appui dans le cas d'une longue marche. L'évidence d'une perception est toujours le masque d'un ensemble de fantasmes.

Merleau-Ponty, à cet égard, emploie l'exemple plus parlant de la perception des couleurs. L'évidence de la couleur ne se réduit pas à l'appréhension d'une qualité pure ou d'un être positif que l'esprit n'aurait qu'à interpréter. La perception de la couleur rouge d'une robe, par exemple, n'est pas seulement celle d'un «atome» de réalité mais aussi tout un champ imaginaire de fantasmes.

Ponctuation dans le champ des choses rouges, qui comprend les tuiles des toits, le drapeau des gardes barrières de la Révolution, certains terrains près d'Aix ou de Madagascar, elle l'est aussi dans celui des robes rouges, qui comprend, avec des robes de femmes, des robes de professeurs, d'évêques et d'avocats généraux, et aussi celui des parures et des uniformes. Et son rouge, à la lettre, n'est pas le même, selon qu'il paraît dans une constellation ou dans l'autre, selon que précipite en lui la pure essence de la Révolution de 1917, ou celle de l'éternel féminin, ou celle de l'accusateur public, ou celle des Tziganes, vêtus à la hussarde, qui régnaient il y a vingt-cinq ans sur une brasserie des Champs-Élysées. Un certain rouge, c'est aussi un fossile ramené du fond des mondes imaginaires.[31]

Ainsi l'évidence n'est-elle pas aussi «évidente» qu'on le croit puisque sa singularité dépend d'un soubassement imaginaire qui en détermine la nature. «Le rouge n'est pas *le même*» selon l'imaginaire qui en est l'envers.

La note de travail de novembre 1959, intitulée «Les "sens" – la dimensionnalité – l'Être» est tout à fait éclairante sur ce point. Elle explique comment toute évidence perçue, du fait de la réversibilité, peut aussi bien incarner une perception en tant que telle qu'une dimension imaginaire de la perception. Le corps peut soit percevoir la couleur jaune, soit percevoir selon cette couleur; elle devient alors l'investissement imaginaire ouvrant un certain rapport à l'altérité. Le jaune comme donné «réel» ou comme dimension imaginaire consituent les deux faces d'une même structure:

La sensorialité: p. ex. une couleur, le jaune; elle se dépasse d'elle-même: dès qu'elle devient couleur d'éclairage, couleur dominante du champ, elle cesse d'être une couleur, elle a donc de soi fonction ontologique, elle devient apte à représenter toutes

31 *Ibid.*, p. 174-175.

choses (comme les tailles-douces, Dioptrique, discours IVe). D'un seul mouvement elle s'impose comme particulière et cesse d'être visible comme particulière. Le «Monde» est cet ensemble où chaque «partie» quand on la prend pour elle-même ouvre soudain des dimensions illimitées, – devient partie totale [...]
Or cette particularité de la couleur, du jaune, et cette universalité ne sont pas contradiction, sont ensemble la sensorialité même: c'est par la même vertu que la couleur, le jaune, à la fois se donne comme un certain être et une dimension, l'expression de tout être possible [...]
La prétendue «contradiction» du jaune comme quelque chose et du jaune comme titre d'un monde: ce n'est pas une contradiction, car c'est précisément à l'intérieur de sa particularité de jaune et grâce à elle que le jaune devient un univers ou un élément.[32]

Si le jaune n'est plus simplement perçu comme une couleur, si sa présence n'est plus «homogène» mais diffuse et que je ne la perçois plus en tant que telle mais plutôt comme une atmosphère, alors la couleur devient une dimension selon laquelle la perception s'établit. Le jaune devient lumière ouvrant la perception de tel ou tel objet. Les caractéristiques de ce dernier ne se définiront alors que comme caractéristiques selon la dimension du jaune, qui devient, à ce moment-là, l'invisible qui rend visible. La conscience du jaune, c'est sa perception comme couleur; le jaune inaperçu, c'est le jaune comme dimension. On constate que Merleau-Ponty considère la structure réversible de l'expérience comme ayant une «fonction ontologique». Il emploie même au sujet du jaune comme dimension le terme d'«élément», terme qu'il emploie parfois pour caractériser la chair dans *Le visible et l'invisible*, et qui se définit comme «une sorte de principe incarné qui importe un style d'être partout où il s'en trouve une parcelle»[33]. L'élément réversible a donc bien une fonction ontologique. L'idée de cette «fonction ontologique» revient dans le passage sur la désillusion que nous sommes en train d'étudier.

Revenons alors à l'exemple de la pièce de bois perçue. La nature de la perception dépend aussi d'un ensemble de fantasmes liés au corps et que je ne perçois pas nécessairement. Lorsque la deuxième perception, celle de la roche, surgit et dément la première, elle révèle du même coup les dimensions imaginaires qui soutenaient la première évidence. Par exemple, je percevais un morceau de bois parce que mon corps se trouvait à telle distance, que la lumière était plus faible et que l'ombre me masquait ainsi la rugosité de ce qui était en réalité une roche argileuse. La perception

32 *Ibid.*, p. 271.
33 *Ibid.*, p. 184.

pouvait également être influencée par le fait que je cherchais justement du bois pour nourrir un feu et que mon corps vivait à ce moment-là selon cette intention, etc. La perception de la roche révèle l'illusion de celle du bois. La seconde évidence permet ainsi le dévoilement de la dimension imaginaire et inconsciente qui sous-tendait la première évidence.

Mais cette seconde évidence, en fonction de laquelle je juge la première perception, repose elle aussi sur une dimension imaginaire inaperçue. Le critère selon lequel la réalité de la première perception est évaluée, quoique pertinent, repose lui aussi sur un certain imaginaire du corps. Autrement dit, la seconde perception a bien un lien avec le réel puisqu'elle permet de mettre en évidence une illusion, mais elle n'incarne pas LE réel puisqu'elle repose elle aussi sur une dimension imaginaire qui en constitue l'envers. Tout dévoilement d'une illusion repose sur l'expérience d'un critère qui repose lui aussi sur une dimension imaginaire inconsciente. Essayons de traduire l'exemple de Merleau-Ponty sous la forme d'un schéma:

Jugement ontologique effectué en fonction du critère de l'évidence 2: «Expérience 1 était une illusion»

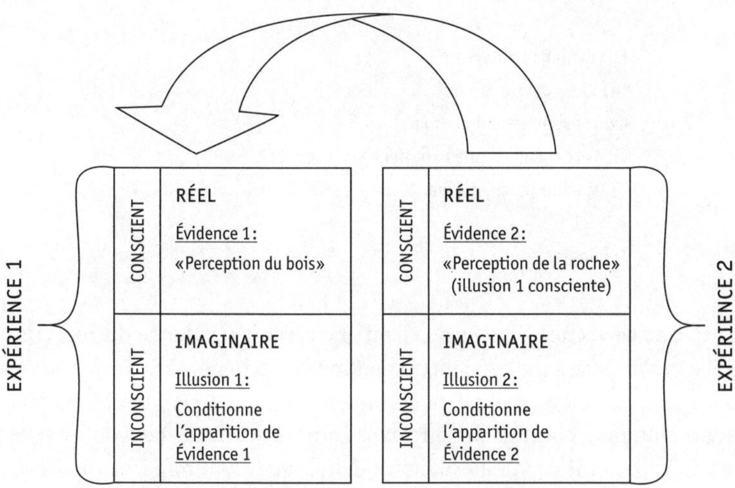

Il s'agit là d'un exemple simple, mais qui peut être généralisé sur une série d'expériences. Chaque expérience du réel apparaît comme l'instant où une évidence fonde, en fonction d'un contexte imaginaire inaperçu, une certaine ontologie. Celle-ci détermine alors les illusions des expériences précédentes, et le progrès vers LE réel, dont on suppose l'existence même si nous le manquons toujours, se présente comme une succession de désillusions. «C'est donc à l'expérience qu'appartient le pouvoir ontologique ultime»[34], écrit Merleau-Ponty.

Schéma général de la structure de l'expérience

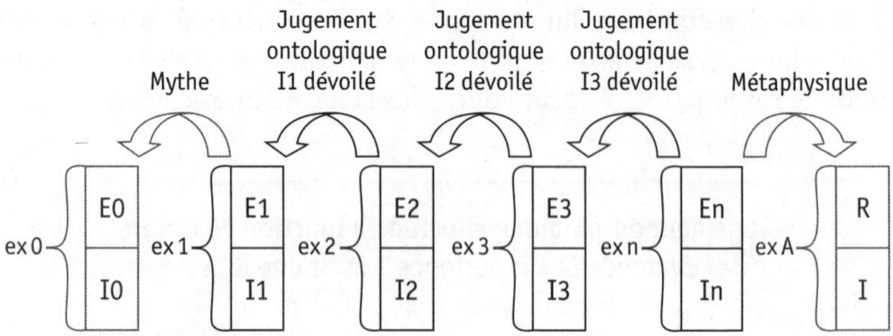

En: évidence numéro n

In: illusion numéro n

ex n: expérience numéro n

ex A: fantasme d'une expérience de l'absolu

ex 0: expérience originaire

R: réel

I: imaginaire

L'expérience vécue «ex 3» est celle d'une certaine évidence du réel (E3). Celle-ci s'impose à moi et vient démentir un certain nombre d'expériences précédentes. Ce qui était perçu comme réel en «ex 2» (à savoir E2) apparaît maintenant comme illusoire dans la mesure où I2 est dévoilé. «ex 3» est donc le point de vue permettant de marquer la limite imaginaire de l'ontologie développée à partir de «ex 2». Mais «ex 3» est elle-même une certaine évidence du réel (E3) reposant sur I3. La limite de l'ontologie de

34 *Ibid.*, p. 146.

«ex3» sera plus tard dévoilée, lorsque I3 sera mis au jour par un autre point de vue. Ainsi, une ontologie est vraie par ce qu'elle nie: sa valeur réside dans sa capacité à souligner les limites imaginaires des ontologies qui l'ont précédée. Mais elle est fausse par ce qu'elle affirme: l'évidence qu'elle pose se fonde elle aussi sur une certaine dimension imaginaire.

La succession de ces expériences nous conduit à supposer l'existence d'une expérience originaire, mais qu'il nous est bien sûr impossible de connaître. L'évidence première (E0) ne peut être qu'un mythe reconstruit à partir des ontologies que nous élaborons successivement. Quant au réel en soi (R sur le croquis), il reste insaisissable. Pour le conceptualiser, il faudrait que notre imaginaire (I sur le croquis) soit tout entier en notre pouvoir[35]; ce qui est impossible en raison de la réversibilité de l'expérience. À partir du moment où nous prétendons posséder la définition du réel, nous entrons dans le domaine purement imaginaire de la métaphysique. Celle-ci essaie de définir le point de vue d'un individu ayant une expérience de l'absolu; un point de vue qui réunirait en lui l'ensemble de tous les systèmes ontologiques; un point de vue universel sur toutes les expériences du monde. C'est par exemple la monade divine de Leibniz.

Ce schéma général de la structure de l'expérience illustre et éclaire le passage suivant de Merleau-Ponty.

> C'est pourquoi la fragilité même de telle perception, attestée par son éclatement et la substitution d'une autre perception, loin qu'elle nous autorise à effacer en elles toutes l'indice de «réalité», nous oblige à le leur accorder à toutes, à reconnaître en elles toutes des variantes du même monde, et enfin à les considérer non comme toutes fausses, mais comme toutes «vraies», non comme des échecs répétés dans la détermination du monde, mais comme des approches progressives. Chaque perception enveloppe la possibilité de son remplacement par une autre et donc une sorte de désaveu des choses, mais cela veut dire aussi: chaque perception est le terme d'une approche, d'une série d'«illusions» qui n'étaient pas seulement de simples pensées, au sens restrictif de l'être pour-soi et du rien que pensé, mais des possibilités qui auraient pu être, des rayonnements de ce monde unique qu'il y a…, – et qui, à ce titre, ne font jamais retour au néant ou à la subjectivité, comme si elles n'étaient jamais apparues, mais sont plutôt, comme le dit bien Husserl, barrées, ou biffées, par la nouvelle réalité.[36]

35 «Pour réduire vraiment une expérience en son essence, il nous faudrait prendre envers elle une distance qui la mît tout entière *sous notre regard* avec tous les sous-entendus de sensorialité ou de pensée qui jouent en elle, la faire passer et nous faire passer tout entier à la transparence de l'imaginaire, la penser sans l'appui d'aucun sol, bref, reculer au fond du néant.» *Ibid.*, p. 149-150.

36 *Ibid.*, p. 65.

Toutes les perceptions sont en effet liées à la réalité car toutes ont fondé, à un moment donné, une certaine approche du réel. Elles ont permis de dévoiler, rétrospectivement, un certain nombre d'illusions (le dévoilement de l'illusion ne peut être que rétrospectif puisqu'une illusion qui se dévoile au moment même où elle est vécue n'est plus une illusion: elle ne trompe plus personne). En ce sens, toutes sont liées au réel, et chacune d'entre elles apparaît en effet comme «le terme d'une certaine approche, d'une série d'illusions». Mais, ajoute Merleau-Ponty, ces illusions n'étaient pas de simples constructions intellectuelles sans valeur. Elles ont été des possibilités du réel, au moment où elles ont été vécues, et chacune d'elles a contribué à marquer une illusion qui la précédait. En ce sens, sans qu'aucune n'incarne la réalité, toutes contribuent cependant à se rapprocher du réel. Tout changement ontologique marque à la fois le surgissement d'une nouvelle évidence et la naissance d'un nouvel imaginaire.

L'œil et l'esprit donne ainsi l'exemple de la critique de l'ontologie cartésienne et développe notamment la question de l'espace et de la profondeur. Merleau-Ponty analyse l'espace cartésien des «tailles-douces»[37], un espace qui repose sur un point de vue central à partir duquel des lignes de fuite distribuent la position de chaque objet dans l'étendue du dessin. Ce type d'espace illustre une représentation du réel fondée sur la position du sujet. La profondeur, par exemple, qui permet de constituer l'impression de relief et d'espacement entre les divers objets du monde, repose sur une construction dont l'origine est la situation du sujet pensant; situation que l'on suppose réellement déterminable. Or justement, Merleau-Ponty montre dans l'essai de 1961 que la situation subjective se réduit à une reconstruction imaginaire. Aujourd'hui, de nouvelles ontologies ont contribué à manifester cette position imaginaire et ont ainsi relégué la perspective classique au rang d'un parti pris critiquable sur notre rapport au monde. Notre perception d'aujourd'hui permet d'émettre, en fonction de notre propre ontologie, un jugement de valeur sur l'ontologie cartésienne.

37 «Comme vous voyez dans les tailles-douces, n'étant faites que de peu d'encre posée çà et là sur du papier, nous représentent des forêts, des villes, des hommes, et même des batailles et des tempêtes, bien que, d'une infinité de diverses qualités qu'elles nous font concevoir en ces objets, il n'y en ait aucune que la figure seule dont elles aient proprement la ressemblance; et encore est-ce une ressemblance fort imparfaite, vu que, sur une superficie toute plate, elles nous représentent des corps diversement relevés et enfoncés, et que même, suivant les règles de la perspective, souvent elles représentent mieux des cercles par des ovales que par d'autres cercles.» DESCARTES, *Dioptrique*, «Discours quatrième». Les tailles-douces sont bien le symbole de la figuration en fonction des lois de la perspective.

> Comme toutes les ontologies classiques, celle-ci érige en structure de l'Être certaines propriétés des êtres, et en cela elle est vraie et fausse, on pourrait dire, en renversant le mot de Leibniz: vraie dans ce qu'elle nie et fausse dans ce qu'elle affirme. L'espace de Descartes est vrai contre une pensée assujettie à l'empirique et qui n'ose pas construire... Descartes avait raison de délivrer l'espace. Son tort était de l'ériger en un être tout positif, au-delà de tout point de vue, de toute latence, de toute profondeur, sans aucune épaisseur vraie.[38]

L'ontologie cartésienne est vraie dans la mesure où l'expérience du réel qu'elle définit permet de révéler la dimension imaginaire qui sous-tend la vision empiriste de l'espace: il n'est plus possible de le considérer comme un pur donné sur lequel le sujet n'a aucune influence. Mais cette ontologie est fausse du point de vue de notre propre ontologie, parce qu'elle transforme l'idéalité de l'espace en un être en soi, et prête ainsi à la pensée le dernier mot sur la définition du réel. Descartes n'apercevait pas l'envers imaginaire de ses propres évidences.

La réversibilité implique donc une définition de l'expérience du réel comme désillusion créatrice. Si la désillusion relative à notre fantasme d'unité révèle le manque inhérent au corps, celui-ci permet de fonder différentes ontologies à partir desquelles notre vie prend un sens. La structure réversible pose toutefois la relativité de toute ontologie par rapport au réel: affirmer qu'une ontologie est vraie dans ce qu'elle nie mais fausse dans ce qu'elle affirme empêche toute conception dogmatique de la philosophie. Si le réel n'est pas l'être et que ce dernier est toujours en porte à faux vis-à-vis du réel, c'est donc notre rapport à la valeur de l'ontologie en philosophie qu'il faut modifier. Comment comprendre, alors, la recherche ontologique de Merleau-Ponty lui-même?

Si, comme nous l'avons vu, toute ontologie est vraie dans ce qu'elle nie et fausse dans ce qu'elle affirme, que dire, alors, de l'ontologie de la chair? La notion de chair n'a pas vraiment de définition fixe. «Tissu», «dimension», «monde», «schéma corporel», «élément»: la chair a de multiples dénominations, qui, de surcroît, ne semblent pas toujours compatibles entre elles. La chair ne peut donc pas être un concept au sens où l'on entend ce terme dans la philosophie. Le concept suppose une certaine constance dans sa définition et la permanence de l'objet qu'il représente. Or précisément, la chair ne possède pas cette constance et nous serions bien en peine de savoir quel «objet» précis elle incarne.

38 Merleau-Ponty, Maurice, *L'œil et l'esprit*, Paris, Gallimard, 1964, p. 47-48.

Si nous essayons de comprendre ce qu'il y a «derrière» la chair, nous retombons dans le préjugé de la définition d'un donné que la chair serait venue désigner. Comme l'avait bien perçu Lacan, il est vrai que certains passages de la philosophie de Merleau-Ponty pourraient laisser penser que l'auteur renoue parfois avec une forme d'ontologie objectiviste. Certains extraits du *Visible et l'invisible*, détachés de leur contexte, semblent rétablir une sorte de «chose en soi». Merleau-Ponty parle par exemple d'une Visibilité en soi ou d'un Tangible en soi[39]; on retrouve aussi dans quelques notes de travail l'idée d'une chair d'indivision ou indivise[40], comme s'il existait réellement une unité primordiale donnée sur laquelle notre expérience serait prélevée. Nous avons vu, néanmoins, que l'indivision était une projection fantasmatique du corps et que l'expérience du réel ne se réduisait pas à cette anticipation imaginaire. Considérer la chair comme un concept reviendrait à restaurer la présupposition d'un objet originaire donné et l'on retomberait dans les illusions de la métaphysique.

Quel statut donner à la chair? Si l'on étudie le contexte d'apparition de la notion de chair, on constate que sa description intervient dans un passage où Merleau-Ponty avoue explicitement être à la recherche de métaphores. Dans le chapitre sur «L'entrelacs et le chiasme» du *Visible et l'invisible*, il montre que l'aspect paradoxal de la perception est dû à la nature duale du corps[41]. L'auteur tente alors de décrire la duplicité corporelle et la réversibilité qui la caractérise. Plusieurs images s'ensuivent: les mains touchées/touchantes, le corps comme corps à «deux feuillets»[42]... Mais Merleau-Ponty lui-même ne se satisfait pas de ces images et le confesse à plusieurs reprises: «Il ne faut même pas dire, comme nous le faisions tout à l'heure, que le corps est fait de deux feuillets...»[43]; et un peu plus loin sur la même page: «Parler de feuillets ou de couches, c'est encore aplatir et juxtaposer, sous le regard réflexif, ce qui coexiste dans le corps vivant et debout.»[44] Difficile, donc, de traduire la réversibilité du corps: dès qu'on adopte une certaine image, on la trahit, on l'aplatit. Toutefois, même s'il est difficile de sortir de ce domaine de l'imaginaire, il existe des métaphores plus ou moins adaptées. Merleau-Ponty écrit alors:

39 Merleau-Ponty, *Le visible et l'invisible*, *op. cit.*, p. 183.
40 *Ibid.*, p. 262.
41 *Ibid.*, p. 180.
42 *Ibid.*
43 *Ibid.*, p. 181.
44 *Ibid.*

Si l'on veut des métaphores, il vaudrait mieux dire que le corps senti et le corps sentant sont comme l'envers et l'endroit, ou encore, comme deux segments d'un seul parcours circulaire, qui, par en haut, va de gauche à droite, et, par en bas, de droite à gauche, mais qui n'est qu'un seul mouvement dans ses deux phases.[45]

La notion de chair apparaît dans ce contexte, c'est-à-dire au moment où Merleau-Ponty confesse qu'il ne fait rien d'autre que développer des métaphores de la réversibilité du corps. S'ensuit une succession d'images comme le cercle, le tourbillon, la sphère… etc. La chair semble être la métaphore privilégiée pour comprendre le phénomène de la réversibilité, qui est, comme le précise la fin du *Visible et l'invisible*, « la vérité ultime »[46]. Certes, choisir le terme de chair n'est pas anodin puisqu'il engage une certaine présence du corps ; mais cet aspect peut tout au plus nous renvoyer au processus de la réversibilité corporelle, sans rien dire de plus à son sujet. Les diverses définitions de la chair impliquent toujours la structure réversible du corps et la déclinent sous diverses modalités. Parfois associée au schéma corporel[47], la chair marque le processus par lequel l'image du corps s'immisce dans la constitution réversible de l'expérience. Parfois comprise comme le monde que le peintre tente d'atteindre à travers son tracé[48], elle incarne en fait la façon dont l'artiste décèle les investissements imaginaires du corps dans la vision et les retraduit sur la toile. Parfois entendue comme un simple élément de l'être en général[49], elle désigne l'échange continuel entre les dimensions ontologiques du sensible et de l'intelligible. Elle n'est ni entité, ni unité, ni sujet, ni objet. Rien de stable ne peut la désigner parce que la réversibilité qui la caractérise ne s'achève jamais. La chair ne désigne pas un « objet donné », mais une certaine manière de se rapporter au réel, de le caractériser. Elle est donc bien une ontologie et, en tant que telle, elle possède un envers imaginaire encore inconnu et que Merleau-Ponty nous invite à dévoiler.

La recherche des fondements imaginaires de nos préjugés ontologiques n'est-elle pas d'ailleurs la méthode philosophique que Merleau-Ponty a implicitement appliquée à sa propre pensée ? Sa philosophie évolue en soulignant les limites et les préjugés imaginaires de ses démarches successives. Dans *La structure du comportement*, le point de vue transcendantal

45 *Ibid.*, p. 182.

46 *Ibid.*, p. 204.

47 Voir par exemple : Merleau-Ponty, *La Nature. Notes. Cours du Collège de France*, *op. cit.*, p. 272.

48 Voir Merleau-Ponty, *L'œil et l'esprit*, *op. cit.*, p. 19.

49 Voir Merleau-Ponty, *Le visible et l'invisible*, *op. cit.*, p. 184.

permet de souligner l'illusion de l'ontologie réaliste du béhaviorisme[50]. La *Phénoménologie de la perception*, à son tour, montre que l'ontologie idéaliste ne vaut que relativement à un corps situé dans le monde. Mais ce corps, lié à un *cogito tacite*, implique une ontologie trop marquée par la notion de sujet. Celui-ci trouve en fait sa place relativement à une ontologie du perçu que Merleau-Ponty essaye de décrire dans les cours sur la passivité[51]; et cette ontologie elle-même, cette chair de la visibilité et du sensible ne s'explique que par l'impossible unité de l'être et par la limite que la réversibilité impose à tout fantasme d'unité. Une «étape» philosophique consiste à dévoiler les limites des évidences ontologiques précédemment décrites. Chaque moment de la philosophie de Merleau-Ponty est porteur d'une ontologie implicite qui en destitue une autre. À cet égard, nous pensons que l'ontologie de la chair n'a pas plus de valeur que les ontologies qui l'ont précédée. Comme les autres ontologies, elle est fausse dans ce qu'elle affirme et vraie dans ce qu'elle nie. La chair n'incarne pas le réel, mais seulement un «prototype»[52] de l'être, c'est-à-dire une forme particulière d'ontologie qui révèle, à sa manière, les préjugés imaginaires d'autres ontologies. D'une certaine manière, Merleau-Ponty nous invite à chercher la limite des notions ontologiques qu'il développe, c'est-à-dire la limite des concepts de «chair» ou de «nature», pour retrouver la couche imaginaire qui les sous-tend. Il faut déceler l'impensé de Merleau-Ponty, comprendre l'évidence sur laquelle le philosophe français se fonde pour

50 «Mais la critique du mécanisme ne ramène au vitalisme que si elle est conduite, comme il arrive souvent, sur le plan de l'être. Rejeter la thèse dogmatique selon laquelle l'unité de l'organisme est une superstructure portée par la chaîne réellement continue des actions physico-chimiques, ce serait alors affirmer l'antithèse, dogmatique aussi, qui interrompt cette chaîne pour faire place à une force vitale… Il en est bien ainsi tant qu'on reste sur le plan de l'être… À la vérité les deux arguments prennent l'organisme comme un produit réel d'une nature extérieure, alors qu'il est une unité de signification, un phénomène au sens kantien. Il est donné dans la perception avec les caractères originaux que nous avons décrits.» MERLEAU-PONTY, *La structure du comportement*, *op.cit.*, p.172

51 «Comment concevoir que le sujet rencontre jamais des obstacles? S'il les a lui-même posés, ce ne sont pas des obstacles. Et si vraiment ils lui résistent, nous sommes ramenés aux difficultés d'une philosophie qui incorpore le sujet à un ordre cosmique et fait du fonctionnement de l'esprit un cas particulier de la finalité naturelle. C'est à ce problème que se heurte toute théorie de la perception, et en retour l'explicitation de l'expérience perceptive doit nous faire faire connaissance avec un genre d'être à l'égard duquel le sujet n'est pas souverain, sans pourtant qu'il y soit inséré.» MERLEAU-PONTY, *L'institution. La passivité. Notes de cours au Collège de France (1954-1955)*, *op.cit.*, p.267.

52 MERLEAU-PONTY, *Le visible et l'invisible*, *op.cit.*, p.179.

en découvrir l'envers imaginaire. En ce sens, être merleau-pontien signifie trahir l'ontologie du dernier Merleau-Ponty, trahir une éventuelle rigidité des notions qu'elle tente d'imposer. Être absolument fidèle à son ontologie serait une infidélité, car cela reviendrait à propager de façon dogmatique un certain nombre de notions qui ne valent que dans la singularité de l'expérience philosophique de Merleau-Ponty. Un dogmatisme auquel ce dernier s'est toujours opposé[53].

Aussi la chair n'est-elle pas un concept que l'on pourrait utiliser comme si le terme avait en lui-même une quelconque valeur explicative. Elle n'exprime pas une réalité fixe, ni un donné, et toute interprétation qui irait en ce sens ne ferait que rétablir le présupposé réaliste que Merleau-Ponty a critiqué sans relâche. La chair est la métaphore d'un nouveau contexte général d'interprétation de l'expérience. Elle introduit de nouvelles notions et de nouvelles relations comme le symbolisme du réel et de l'imaginaire. Elle insiste sur l'importance du corps, de la libido et de ses conséquences sur notre rapport fantasmatique aux choses, elle fait du désir un élément intrinsèque à l'expérience sans le transformer en une essence positive à partir de laquelle tout deviendrait explicable. Elle incarne un discours qui ne recule plus devant le terme de réel parce qu'il ne craint plus l'échappée que ce dernier incarne à notre fantasme d'une compréhension absolue du monde. Mais pourquoi parler ici de métaphore ? Parce que contrairement au concept, la métaphore ne fige pas le sens mais le déplace, le nuance, le transforme en l'ouvrant à d'autres déplacements ou nuances futurs. Elle ne sature pas la signification ni n'empêche à partir de là la création. Elle incarne une autre manière de philosopher, un nouveau style, une nouvelle méthode, un nouveau discours. Une philosophie de la chair n'est pas une philosophie qui utilise le concept de chair, parce que la chair n'est pas un concept; c'est une nouvelle manière de faire de la philosophie, une philosophie concrète qui ne refuse plus la résistance du réel à ses constructions.

53 Voir Merleau-Ponty, *Éloge de la philosophie*, *op. cit.*

La philosophie concrète et son actualité

Chapitre 4

La réflexion de Merleau-Ponty sur le réel peut-elle avoir un quelconque enjeu pour nous aujourd'hui ? Avant de le déterminer, il convient d'essayer de comprendre quel peut être l'apport philosophique de Merleau-Ponty. En quoi son approche modifie-t-elle notre rapport à la philosophie et notre manière de la pratiquer ? La prise en compte du réel et la théorie de la réversibilité ont conduit Merleau-Ponty sur un chemin dont il a très bien perçu l'originalité par rapport à l'histoire de la philosophie. Pour désigner la singularité de sa recherche, l'auteur de la *Phénoménologie de la perception* emploie souvent l'expression de «philosophie concrète». Sans doute le projet d'une telle philosophie relève-t-il d'une certaine influence. La référence à Hegel est explicite[1]. Emmanuel de Saint Aubert a également remarqué que l'ouvrage de Jean Wahl, *Vers le concret*, a été décisif. On peut enfin supposer que Merleau-Ponty a emprunté l'épithète «concret» à d'autres auteurs ayant insisté sur ce même aspect, comme Gabriel Marcel, Max Scheler, Freud ou Politzer. Toutefois, l'importance des influences, dont aucune pensée vivante ne peut se passer, ne doit pas masquer la signification que Merleau-Ponty donnait explicitement à la philosophie concrète. Celle-ci introduit dans l'histoire de la pensée une nouvelle méthode philosophique et un champ d'interprétation inédit de l'expérience.

1 «Il ne s'agit pas de revenir en deçà de Hegel, par exemple vers une philosophie qui renonce à comprendre la non-philosophie ou vers une philosophie qui prendrait sans critique la non-philosophie (art, religion, nature, État). Il s'agit de réussir ce qu'il a manqué, de faire une philosophie concrète, mais vraiment concrète.» Merleau-ponty, Maurice, *Notes de cours 1959-1961*, Paris, Gallimard, 1996, p. 341.

Voici par exemple ce qu'écrit Merleau-Ponty dans *Signes*:

> Une philosophie concrète n'est pas une philosophie heureuse. Il faudrait qu'elle se tienne près de l'expérience, et, pourtant, qu'elle ne se limite pas à l'empirique, qu'elle restitue dans chaque expérience le chiffre ontologique dont elle est intérieurement marquée. Si difficile qu'il soit, dans ces conditions, d'imaginer l'avenir de la philosophie, deux choses paraissent sûres: c'est qu'elle ne trouvera jamais la conviction de détenir, avec ses concepts, les clefs de la nature ou de l'histoire, et c'est qu'elle ne renoncera pas à son radicalisme, à cette recherche des présupposés et des fondements qui a produit les grandes philosophies.[2]

«Se tenir près de l'expérience sans se limiter à l'empirique». Une philosophie concrète doit être une philosophie de l'expérience mais qui ne repose plus sur le champ d'interprétation conceptuel de l'empirisme. Le donné, ainsi que son corrélatif inévitable, la représentation, doivent désormais céder la place. L'ontologie du donné a fait long feu et nous ne savons plus créer à partir d'elle. Tout au plus parvenons-nous à réitérer quelques apories du réalisme, que l'on recouvre de solutions artificielles et que l'on propage ensuite comme des dogmes. L'appel de Merleau-Ponty à l'étonnement dans son discours inaugural au Collège de France nous invitait à comprendre l'expérience d'une autre manière. Le donné empirique ne doit plus constituer la source de la réflexion; à moins de le questionner afin de découvrir le «chiffre ontologique» dont il témoigne, écrit Merleau-Ponty dans la citation précédente. Que signifie cette méthode de déchiffrement? Le philosophe français le révèle dans un autre texte où il lie explicitement la philosophie concrète à l'idée d'un «déchiffrement des structures».

> Ce déchiffrement des structures, qui permet seul de trouver quelque rationalité dans l'histoire d'une langue et dans l'histoire en général, sans faire de l'histoire un nouveau dieu, et de reconnaître un intérieur dans les faits humains sans les livrer à l'arbitraire des constructions *a priori*, est pour nous caractéristique d'une philosophie concrète.[3]

Contre la méthode inductive de l'empirisme, qui chemine de la certitude d'un réel donné à des lois générales, Merleau-Ponty défend une forme de structuralisme. Déchiffrer, faire apparaître les structures pour les comprendre et en saisir le fonctionnement. Mais il convient ici de rappeler la nature toute particulière de ces structures ainsi que l'attitude

2 Merleau-Ponty, *Signes*, *op.cit.*, p. 198.

3 Merleau-Ponty, *Parcours Deux, 1951-1961*, *op.cit.*, p. 25.

philosophique qu'elles appellent. Tout d'abord, la réversibilité ne repose pas sur une structure formelle que l'on importerait d'une science ou d'un lieu quelconque de la conscience. L'*a priori* kantien et toutes les formes d'idéalisme sont ici écartés. Ensuite, la structure ne préexiste pas à l'expérience, mais naît avec elle et en elle. Elle surgit spontanément dans l'expression parlée ou gestuelle, sans contrôle absolu de la conscience. Elle est ainsi charnelle par définition; son sens ne peut être compris indépendamment des inattendus et des surprises que l'imaginaire du corps fomente, parfois inconsciemment. Enfin, loin de traduire une maîtrise du réel par la raison, la réversibilité de Merleau-Ponty montre au contraire l'impossible réduction du réel à nos constructions symboliques et imaginaires. L'expérience du réel se traduit ainsi sous la forme d'une désillusion créatrice, où nos représentations imaginaires font face à leur vacuité et le symbolisme à ses manques. Ainsi la structure ne fait-elle pas apparaître une explication, un savoir, mais plutôt un certain désir, un point insaisissable, ce fameux point zéro dont Merleau-Ponty parlait pour décrire le cœur de la réversibilité.

Le point zéro, désigné comme une dimension préontologique hors structure et hors représentation, est un aspect essentiel du structuralisme de Merleau-Ponty. Il permet de maintenir l'importance de ce qui échappe à nos structurations symboliques et de réintroduire dans la pensée philosophique le rôle de la contingence. La pérennité d'une pensée n'est pas conditionnée par son détachement absolu vis-à-vis de la singularité d'une expérience. Au contraire, toute pensée véritable s'enracine dans un contexte particulier, dans le temps comme dans l'espace. Il ne s'agit pas ici de dire que sa pertinence est conditionnée par le lieu ou le moment de son émergence; mais comprendre son lien avec les représentations établies *et* son originalité par rapport à elles fait aussi partie de sa dimension de véracité. Pour Merleau-Ponty, la prise en compte de la contingence est essentielle pour maintenir le lien de la pensée avec le réel et éviter la dérive universitaire et abstraite de la création philosophique.

Il y a des congrès, des colloques, des revues, il y a une vie philosophique comme une vie médicale et scientifique et elle souffre des mêmes malaises perpétuels: on n'a jamais vu paraître ni Heidegger ni Sartre dans un congrès. Il y a des réunions non formelles: Heidegger est venu à Cerisy, les Anglais à Royaumont; et pourtant l'Occident philosophique est non seulement divisé, comme il est naturel, mais cloisonné: le positivisme logique règne en pays anglo-saxons et en Scandinavie. Il y a, à Fribourg, le cercle Heidegger, en France et en Italie, des recherches d'inspiration phénoménologique et marxiste. Visiblement, ces tendances ne cherchent pas

> la confrontation et chacun poursuit son soliloque… Au total, la vie philosophique reste provinciale, presque clandestine, c'est d'homme à homme qu'on se transmet le feu sacré. Disons qu'il y a une occultation de la philosophie.
> Cela ne veut pas dire qu'elle n'ait plus rien à dire ni qu'elle soit destinée à disparaître. Ce qui la paralyse, au contraire, ou la rend muette, c'est qu'elle n'arrive pas, par ses moyens traditionnels, à exprimer ce que le monde est en train de vivre. La philosophie analytique des Anglo-saxons est une retraite délibérée dans un univers de pensée où la contingence, l'ambigu, le concret n'ont plus de place.[4]

La philosophie concrète impliquerait d'abord de sortir le débat philosophique du cloisonnement de l'histoire des idées. Positivisme, Marxisme, Phénoménologie, Philosophie analytique : les grandes tendances de la philosophie contemporaine ne confronteraient pas suffisamment leurs présupposés et resteraient ainsi dans une forme d'auto-satisfaction, où chacun ne dirait à l'autre que ce qu'il est déjà prêt à entendre. Il faudrait sortir la philosophie du débat cloisonné des spécialistes pour la retrouver dans la vie même et dans l'actualité. Il s'agirait de montrer que les colloques et les conférences universitaires perdent leur sens s'ils sont détachés de toute confrontation à l'expérience quotidienne et si chacun ne se comprend que dans le contexte conceptuel qu'il définit *a priori*. Pour Merleau-Ponty, ce n'est que dans la confrontation des tendances philosophiques, pour l'instant trop fermées sur elles-mêmes, qu'une philosophie concrète, tournée vers le réel, pourrait naître. La place de la philosophie est dans « ce que le monde est en train de vivre » ; celle-ci perdra toute vie si elle ne se confronte plus à la facticité et à l'actualité qui caractérisent le réel. Ainsi, pour lui, la philosophie analytique constitue le principal obstacle à la construction d'une philosophie concrète. Le préjugé réaliste qui la fonde empêche de prendre en compte la résistance du réel, et, comme Merleau-Ponty l'écrit à la fin de la citation précédente, de considérer la place du concret, de l'ambigu et de la contingence dans l'expérience. Nous aurons l'occasion de revenir sur cette critique très radicale de la pensée analytique dans les pages qui suivent.

Mais faire ainsi une place à la résistance du réel n'est pas sans conséquence. La plupart des idéaux habituels de la philosophie, tels que la quête de l'absolu ou la possession du vrai, se voient peu à peu destitués. Le malheur apparent de la philosophie nouvelle que Merleau-Ponty tente de fonder réside dans la place qu'elle ménage à l'insaisissable et à l'impossible. Il y a lieu de craindre qu'une telle philosophie n'ait plus d'enjeu

4 *Ibid.*, p. 294.

si, quoi qu'il advienne, la vérité du réel lui échappe à jamais. Y a-t-il encore un avenir de la philosophie quand l'idéal de vérité s'est révélé à la conscience comme illusoire ? Là encore, Merleau-Ponty est conscient de l'objection et répond à nouveau en fonction du changement de rapport à l'expérience qu'il préconise.

On demandera peut-être ce qu'il reste de la philosophie quand elle a perdu ses droits à l'*a priori*, au système ou à la construction, quand elle ne surplombe plus l'expérience. Il en reste presque tout. Car le système, l'explication, la déduction n'ont jamais été l'essentiel. Ces arrangements exprimaient – et cachaient – un rapport avec l'être, les autres, le monde. Malgré l'apparence, le système n'a jamais été qu'un langage (et il était précieux à ce titre) pour traduire une manière cartésienne, spinoziste ou leibnizienne de se situer par rapport à l'être, et il suffit, pour que la philosophie dure, que ce rapport demeure problème, qu'il ne soit pas pris comme allant de soi, que le tête-à-tête subsiste de l'être et de celui qui, dans tous les sens du mot, en sort, le juge, l'accueille, le repousse, le transforme et finalement le quitte. C'est ce même rapport qu'on tente aujourd'hui de formuler directement, et de là vient que la philosophie se sent chez elle partout où il a lieu, c'est-à-dire partout, aussi bien dans le témoignage d'un ignorant qui a aimé et vécu comme il a pu, dans les «trucs» que la science invente, sans vergogne spéculative, pour tourner les problèmes, dans les civilisations barbares, dans les régions de notre vie qui n'avaient pas autrefois d'existence officielle, que dans la littérature, dans la vie sophistiquée, ou dans les discussions sur la substance et l'attribut.[5]

L'entrain et l'enthousiasme du style de Merleau-Ponty ne doivent pas masquer la radicalité de la critique. Dire que «le système, l'explication, la déduction n'ont jamais été l'essentiel» revient tout de même à souligner l'aspect secondaire de l'histoire des systèmes de pensée dans la philosophie. On ne peut plus se contenter de comprendre le passage d'un système philosophique à un autre à travers des débats techniques dont on ne saisit plus le lien avec le réel. Bien sûr, il ne s'agit pas de marquer un rejet absolu de l'histoire de la philosophie, mais plutôt de montrer qu'elle incarne un moyen de la pensée plutôt qu'une finalité en soi. La complexité des systèmes philosophiques doit être rigoureusement connue, mais afin de retrouver en elle les problématiques fondamentales de l'expérience vécue. Les «débats sur la substance et l'attribut», dont la technicité et l'abstraction éloignent le sens commun de la philosophie, ne sont que le reflet des tensions inhérentes à l'expérience du réel. En ce sens, pour Merleau-Ponty, le témoignage de l'ignorant, «qui a aimé et vécu comme il a pu», et qui révèle les difficultés et les passions de sa propre expérience,

5 Merleau-Ponty, *Signes*, *op. cit.*, p. 199.

apporte autant à la philosophie que les querelles abstraites du concept. C'est pourquoi la psychanalyse revêt une importance particulière pour Merleau-Ponty. Les paradoxes et les limites des ontologies philosophiques sont structurellement identiques à ceux que décèle l'analyse dans le témoignage du patient. Dans chaque expression se retrouve la structure du désir et de la « désillusion créatrice ». Les systèmes spinoziste et cartésien sont passionnants dans leur manière d'approcher le réel ; mais ils le sont tout autant par leurs préjugés. En cela ils traduisent les difficultés d'une conceptualisation de « notre rapport avec l'être, les autres, le monde », autrement dit les difficultés liées à l'expérience de l'altérité en général. C'est donc *par la similitude des structures problématiques* que le lien de l'histoire de la philosophie au réel peut être rétabli. En un mot, l'histoire de la philosophie reste, aux yeux de Merleau-Ponty, un débat sans vie, et surtout un débat non philosophique, si l'on ne rétablit pas son lien explicite à la question du réel. Le rétablissement de ce lien implique une approche structurale.

La philosophie concrète de Merleau-Ponty se caractérise donc d'abord par le champ conceptuel qu'elle veut mettre hors jeu. Il faut abandonner l'ontologie du donné et le paradigme de la représentation, s'opposer à la suprématie de l'histoire de la philosophie qui caractérise l'institution universitaire au 20e siècle. Les idéaux habituels de la pensée philosophique comme l'argumentation systématique et la vérité sont destitués au profit du réel et de la création. D'un point de vue méthodologique, elle invite à une pratique nouvelle de la philosophie fondée sur une autre approche de l'expérience. Celle-ci doit faire l'objet d'une analyse structurale, mais en un sens très différent de celui du structuralisme. La structure n'a rien de formel, elle est liée au corps et à l'imaginaire et elle n'a pas pour but d'abolir la contingence mais plutôt de la manifester. Car le retour de la philosophie au réel doit passer par un retour à la singularité de l'expérience. Non pas pour retrouver le relativisme, mais pour montrer que l'origine de la vérité se situe dans l'étonnement qui structure l'expérience et qui permet de dépasser la singularité subjective vers quelque chose de commun.

Tout cela pourrait paraître très théorique. Au-delà des mots, en quoi cette approche du réel et ce changement de style peuvent-ils avoir aujourd'hui un apport philosophique ? La philosophie concrète peut-elle tracer une autre voie que celle proposée par les pensées contemporaines du réel ? Nous disions en introduction que l'héritage de la pensée hégélienne nous avait conduit à ne conserver qu'un seul pan de l'ambiguïté de sa philosophie : on oubliait la résistance du réel au concept pour ne conserver que la croyance en la rationalité du réel. Ce phénomène a entraîné une abstraction grandissante de la philosophie. La confiance en la raison, et donc dans la logique et le langage qui la mettent en œuvre, a conduit à une sorte de surestimation du pouvoir de la fonction symbolique. (Nous entendons ici par fonction symbolique non pas le symbolisme charnel de Merleau-Ponty mais la faculté d'abstraction permettant à l'homme de se représenter le monde grâce à un ensemble de signes, linguistiques ou non). Celle-ci a pris une valeur en elle-même, indépendamment du réel et de l'imaginaire, indépendamment de l'expérience également. L'autonomisation des études sur la logique et le langage a permis l'émergence de sciences importantes comme la linguistique ou la sémiotique. Mais elle a aussi engendré un bouleversement de la philosophie. On a fini par accorder à la fonction symbolique un pouvoir étonnant : ou bien, d'une part, on n'interroge plus le lien de nos structures logiques avec le réel parce qu'il nous paraît évident que le réel est logique par nature ; ou bien on prête au langage et aux signes une capacité de dissimulation, voire de destruction du réel, comme si ce dernier pliait désormais sous le poids de nos constructions symboliques.

Les symptômes philosophiques de la croyance en la toute puissance du symbolique sont visibles dans plusieurs courants philosophiques du 20e siècle. Si les penseurs modernes font désormais une place au signifiant « réel » dans leur réflexion, c'est la plupart du temps pour montrer de quelle manière le réel est désormais occulté, voire détruit par nos constructions symboliques. Rosset tentera de montrer que notre expérience du réel est désormais envahie de doubles fictifs, dont le langage lui-même, à travers sa « grandiloquence »[6], contribuerait à perpétuer l'illusion. La puissance représentative et symbolique aurait ainsi pour Rosset le pouvoir de nous éloigner du réel, comme si nous pouvions choisir de ne pas nous confronter à lui. Sans se limiter à la possibilité de fuir le réel, tout un courant issu d'une certaine interprétation du concept marxien d'idéologie, et que l'on pourrait appeler le courant de la pensée du spectacle, dénonce la destruction du réel sous le déferlement des signes ou des images. Debord dénoncera l'inversion de l'ordre réel des choses dans la société contemporaine et Baudrillard la disparition du réel sous les différents simulacres de la vie moderne. Enfin, il nous faudra

6 Rosset, Clément, *L'école du réel*, Paris, Minuit, 2008, p. 81.

aussi entrer dans un débat complexe avec la philosophie analytique. De manière un peu schématique, on lui a souvent reproché d'entrer dans des considérations tellement techniques sur le langage et ses règles que le réel lui-même se voyait oublié. Derrière cette affirmation trop rapide et qui ne tient pas compte de la diversité du mouvement analytique, se cache néanmoins un débat complexe sur le lien effectué par certains penseurs analytiques entre le réel et le langage. Dans ce cadre de réflexion, et pour respecter la cohérence que nous avons tenté d'établir jusque-là, nous nous intéresserons alors essentiellement à Austin qui a explicitement intégré à son discours le signifiant «réel» et qui lui a accordé une réflexion détaillée. Nous nous demanderons alors si la surpuissance symbolique que nous avons précédemment évoquée ne se retrouve pas aussi dans le rôle prépondérant que la pensée analytique accorde au langage.

La croyance en la rationalité du réel, la surestimation du rôle de la fonction symbolique et l'autonomisation de l'étude de la logique et du langage ont conduit vers une abstraction telle qu'elle est devenue préjudiciable à la philosophie. Elles ont fait naître des théories d'une grande technicité où le rapport avec l'expérience du réel s'est peu à peu perdu ; où l'étonnement et le questionnement n'ont plus vraiment de place. C'est pourquoi la philosophie de Merleau-Ponty nous semble ici essentielle. Si l'on veut éviter le dogmatisme, continuer à créer, à penser et cultiver l'étonnement, il faut remettre la fonction symbolique à sa place ; c'est-à-dire dans son lien avec le réel, l'imaginaire, l'expérience et le corps. Le symbolisme charnel et l'approche nouvelle de l'expérience qu'il implique sont indispensables pour retrouver l'étonnement et le réel. Nous voudrions le montrer en traversant quelques pensées contemporaines que nous avons rapidement évoquées ci-dessus.

L'approche merleau-pontienne nous a conduit à voir dans l'expérience du réel à la fois une désillusion et l'appel à une forme de créativité. D'une certaine manière, elle place l'exigence éthique du sens avant celle de la connaissance et de la vérité. Elle appelait par là une autre manière de philosopher. Faute de percevoir la primauté du point de vue éthique sur celui de la connaissance, le réalisme s'enferme dans ses contradictions. Défini comme une doctrine admettant l'existence d'un réel absolu indépendant des idées, des signes et de toutes les représentations de l'esprit, il retrouve sans cesse une même aporie : celle de devoir construire un chemin conceptuel avec ce qui se trouve inaccessible par définition. Dès lors il tourne en rond. Malgré lui, il se voit contraint de présupposer un certain nombre de caractéristiques du donné pour justifier la pertinence des concepts qu'il crée. En d'autres termes, au lieu de découvrir le réel, il en présuppose la définition pour mieux retomber sur ses pattes à la fin de son raisonnement. Mais l'oubli de l'éthique est-il forcément le lot de toute doctrine réaliste ? N'est-il pas possible d'aborder la question du réel par le biais de sa définition réaliste sans tomber dans le cercle vicieux décrit par Merleau-Ponty ?

Un penseur moderne tente pourtant de maintenir jusqu'au bout la cohérence du réalisme, un penseur qui s'est tout particulièrement intéressé à la notion de réel, qui lui a consacré plusieurs livres, et dont le style est également très singulier dans le cadre de la pensée philosophique : nous parlons ici de Clément Rosset. L'auteur du *Réel et son double* aborde la notion de réel de manière « traditionnelle », c'est-à-dire comme un donné. Comme il l'explique d'ailleurs dans l'avant-propos de *L'école du réel*, sa recherche s'inscrit dans l'héritage direct de l'ontologie philosophique.

> Ce sujet unique n'est au fond que l'exposé d'une conception particulière de l'ontologie, du savoir de ce qui est comme l'indique l'étymologie du mot. Ma quête de ce que j'appelle le réel est très voisine de l'enquête sur l'être qui occupe les philosophes depuis les aurores de la philosophie. À cette différence près que presque tous les philosophes s'obstinent à marquer, tel naguère Heidegger, la différence entre l'être et la réalité commune, alors que je m'efforce pour ma part d'affirmer leur identité.[7]

Entre son enquête sur le réel et la recherche de l'être dans l'histoire de la philosophie, il n'y aurait qu'une différence de détail. Celle-ci, annoncée à la fin de la citation précédente, est pourtant loin d'être anecdotique. Le réel de Rosset implique une identité entre ce que la tradition de l'ontologie appelle l'être et la réalité commune. Il n'y a donc plus, d'un côté, la réalité vécue et, de l'autre, l'être en-soi et absolu qui la fonde. Le réel est expérimenté ; en tant que tel. Pas d'au-delà à rechercher, ni de transcendance garantissant la vérité ou la réalité d'une expérience, mais seulement l'existence d'une dimension à comprendre en elle-même. De ce point de vue, Rosset rejoint la position merleau-pontienne d'un refus de la transcendance.

Ce refus est inhérent à la position réaliste assumée par Clément Rosset. Mais sa grande originalité réside dans l'appréciation rigoureuse des difficultés de cette théorie. Si le réel est véritablement un donné, c'est-à-dire

7 *Ibid.*, Avant-propos, p. 7.

quelque chose qui résiste irrémédiablement à la conceptualisation, alors il est vain de chercher à le saisir par nos constructions symboliques ou imaginaires. Le réel ne peut pas avoir de sens, il échappe à nos constructions intellectuelles et à toutes formes de signes linguistique, iconographique, ou pictural. Il est «idiot», au sens propre, il n'a aucun «double». La notion de double recouvre pour Rosset l'ensemble des procédés par lesquels nous tentons de copier, reproduire ou signifier le réel. En somme, elle englobe toutes les créations humaines, subjectives ou intersubjectives, par lesquelles nous tentons de donner une signification au monde. «Nous appellerons insignifiance du réel cette propriété inhérente à toute réalité d'être indistinctement fortuite et déterminée.»[8] Tout réel est déterminé parce qu'il se donne bien sous une certaine forme, la sienne et la sienne seule. Mais cette forme demeure fortuite, elle n'a rien d'explicable ni de compréhensible, on ne peut l'inscrire dans un certain ordre du monde ni dans une aucune signification attendue. Un réalisme conséquent doit donc admettre l'impossible représentation du réel et le hasard de la vie.

On comprend alors que la conception du réel chez Rosset conduise à une vision tragique. L'impossible expression du réel par les artifices de la représentation et la prédominance du hasard laissent l'homme dans un chaos d'intentions vaines et de désirs sans fin. On retrouve ici l'influence schopenhauerienne de Rosset. Cette situation peu supportable nous inciterait dès lors à fuir l'idiotie du réel dans la signifiance de doubles illusoires. En raison de notre besoin de sens, nous construirions des représentations, des images ou même des langages pour échapper à la tragédie de la contingence. Rosset montre ainsi que notre rapport au réel pourrait être assimilé à une projection imaginaire et arbitraire de significations sur un réel qui n'est pourtant rien en lui-même. La construction des doubles représentatifs incarnerait une illusion analogue au processus paranoïaque: elle consisterait à prêter un sens délirant à des signes qui en fait ne signifient rien.

> De la même façon que le délire paranoïaque intègre sa perception du réel à sa manie persécutoire en ajoutant constamment à ce qu'il voit, à ce qu'il entend, une valeur, un sens, qui accordent la réalité à l'attente qu'il en a… l'attribution d'une signification au réel, de la part de l'homme dit normal, procède d'un mécanisme exactement analogue.[9]

8 Rosset, Clément, *Le réel, traité de l'idiotie*, Paris, Minuit, 1977, p. 13.
9 *Ibid.*, p. 35.

Notre rapport au réel serait non seulement illusoire mais pathologique. Il consisterait à nier l'insignifiance du réel afin de satisfaire des processus narcissiques et imaginaires. On comprend que la pensée de Clément Rosset se pose comme un remède à la pathologie de notre rapport avec le réel.

Le problème n'est donc plus celui de la connaissance. Si le réel n'est rien, à quoi bon chercher à le connaître ? Quelles caractéristiques pourrions-nous en saisir ? Dès que nous lui prêterons telle ou telle définition nous transformerons le rien en quelque chose, l'insignifiance en signification, le hasard en nécessité ; en un mot nous projetterons nos propres besoins sur ce qui y échappe par définition. L'approche cognitive reste victime de l'illusion du double. L'insignifiance du réel nous contraint en fait à choisir entre deux attitudes : l'une, illusoire, qui fuit le réel dans diverses formes d'expressions signifiantes ; l'autre, lucide et purement affective, fondée sur un amour sans condition, qui supporte l'indétermination du réel et l'accepte dans la joie. En somme, une position réaliste assumée déplacerait la question du réel du champ de la connaissance vers celui de l'éthique.

Il faut ainsi reconnaître quelques points de convergences entre l'approche merleau-pontienne et celle de Rosset. Soulignons tout d'abord que la rigueur de Rosset sur la définition du donné lui permet d'échapper à la critique du cercle vicieux propre au réalisme. Ensuite, et surtout, on constate que l'enquête sur le réel le conduit à déplacer les enjeux de la philosophie sur le domaine de l'éthique plutôt que sur celui du savoir. Rosset rétablit ainsi la place du corps et de l'affect dans notre rapport au réel. Son style d'écriture témoigne également d'un changement. L'argumentation n'est pas systématique et fait une large place à la littérature et à l'art ; comme si la matière de la réflexion se trouvait pour lui aussi dans la non-philosophie. L'introduction du signifiant réel dans un discours semble bien imposer une autre manière de philosopher.

Cela dit, l'orientation de la philosophie vers une finalité éthique est insuffisante pour rapprocher véritablement les deux auteurs. Malgré cet enjeu commun, ils se distinguent néanmoins considérablement sur le type de philosophie qu'ils proposent. Le point central de leur différence réside dans la place qu'ils accordent à l'étonnement et à la création dans la pratique de la philosophie.

Le rétablissement de l'étonnement est pour Merleau-Ponty un enjeu majeur. Souvenons-nous de son discours inaugural au Collège de France. Il fallait retrouver une attitude de questionnement par rapport à l'expérience, non pas pour rétablir un scepticisme ni un relativisme radical, mais pour démasquer les évidences implicites d'un discours et recréer à partir de là. L'étonnement était la condition d'une philosophie vivante et créative. Pour Rosset, une telle ambition créative n'aurait pas de sens. Elle reviendrait à valoriser la production de «doubles» et à perpétuer notre rapport paranoïaque à la réalité. Du même coup, un appel à l'étonnement demeure impossible. Pour lui, on peut s'étonner que le réel soit: il y a même là une attitude saine parce qu'elle conduit à apprécier le fait qu'il y ait quelque chose plutôt que rien et, donc, à aimer le réel; mais il n'y a aucun sens à s'étonner de ce qu'il est[10], parce que nous cherchons alors à lui prêter des caractéristiques qui nous sont propres et rétablissons l'illusion du double. Aux yeux de Rosset, l'attitude saine réside non dans l'interrogation, qui ne vaut que dans le domaine du double, mais dans l'acceptation du réel tel qu'il est; c'est-à-dire rien. Entrer dans le domaine du langage et du symbolique, c'est pour lui entrer dans le domaine de ce qu'il nomme la grandiloquence, autrement dit dans une surcharge symbolique dont la seule finalité serait de masquer à notre conscience la nature insignifiante et tragique du réel. L'idéal serait de sortir de la représentation, du langage et finalement de toutes formes d'appropriation symbolique du monde pour revenir à un rapport purement affectif avec le réel. Un rapport sans mot ni image, approuvant le réel en soi, aimant son insignifiance envers et contre tout. La joie de vivre se verrait conditionnée par cette exigence.

La théorie de Rosset semble pourtant présenter une certaine difficulté que la pensée merleau-pontienne permet de mettre en évidence. L'auteur de *L'école du réel* comme celui de la *Phénoménologie de la perception* s'accordent sur l'insignifiance du réel, ou tout au moins sur sa résistance à la signification. Mais les conséquences qu'ils en tirent sont très différentes. Alors que Rosset veut se départir de toute forme d'illusion et de symbolisme pour retrouver une sorte de rapport fusionnel et affectif avec le réel, Merleau-Ponty montre au contraire le rôle indispensable de l'illusion pour faire l'expérience du réel en tant que tel. La théorie de la réversibilité du réel et de l'imaginaire a montré que les deux dimensions étaient symboliquement dépendantes et que l'insignifiance du réel ne pouvait se manifester que par contraste avec nos attentes imaginaires. On peut alors s'interroger sur la possibilité d'un rapport avec le réel qui voudrait se détacher de toute construction symbolique et imaginaire. En

10 *Ibid.*

voulant supprimer le double et retrouver une affectivité pure (si tant est que cela soit possible), Rosset ne se prive-t-il pas du même coup de la possibilité d'expérimenter l'insignifiance du réel ? Si nous ne nous étonnons plus de cette insignifiance, et si, par conséquent, nous renonçons à créer les doubles susceptibles de la manifester, comment pourrons-nous faire l'expérience du réel ?

Le projet d'abolition de la représentation ou de la grandiloquence du langage nous semble donc illusoire. D'ailleurs, si Rosset le suivait à la lettre, sans doute renoncerait-il à écrire. Quel autre moteur sa plume peut-elle avoir sinon la description même des différentes failles de nos représentations dans la saisie du réel ? Et si ces failles doivent être décrites, comment le ferions-nous sans donner aux représentations en question toute leur consistance ? Il n'y a plus d'insignifiance du réel si nous renonçons à tous les doubles qui, en creux, la manifestent.

Certes, Rosset pourrait peut-être répondre que l'absence d'expérience du réel est bien ce à quoi il faudrait parvenir. Puisque le réel n'est rien, l'absence d'expérience reviendrait justement à être au plus proche de lui. Mais n'est-ce pas là céder à une confusion presque trop simple entre l'absence d'expérience et l'expérience du rien ? Car le rien dont parle Rosset est un rien déterminé. « Nous appellerons insignifiance du réel cette propriété inhérente à toute réalité d'être indistinctement fortuite et déterminée. », écrivait-il. Nous pouvons ici revenir à l'analyse que nous avons effectuée sur la différence des deux riens dans le concept kantien de grandeur négative. Le rien n'est un rien absolu que dans la contradiction logique. Dans la contradiction réelle et dans l'expérience, le rien est toujours un rien déterminé. Faire l'expérience d'un rien et ne pas faire d'expérience ne sont pas synonymes. Les doubles représentatifs dont parle Rosset sont effectivement des illusions, mais leur rôle consiste à prêter au réel une texture imaginaire qui le rend appréhendable. Abandonner les doubles, ce n'est donc pas revenir au réel, mais se priver de la possibilité d'en faire l'expérience ; accepter la signification des doubles comme une évidence, ce n'est pas revenir au réel non plus. Comme le montrait Merleau-Ponty, il faut admettre que l'imaginaire est à la fois ce qui nous éloigne du réel et ce qui permet de rester en contact avec lui. Renoncer à l'expression symbolique n'est pas une solution. Si la désillusion n'est plus créatrice, si la chute d'une évidence imaginaire n'est plus le prétexte à la créativité, alors la possibilité de toute expérience se perd. L'apport essentiel de la notion merleau-pontienne de réversibilité réside sans doute dans cette exigence éthique de création.

L'approche de Rosset prête donc trop à l'imaginaire et à la fonction symbolique. On ne se détache pas du réel si facilement. D'une certaine façon, Rosset surestime le pouvoir de nos représentations. Il est pourtant curieux que la fonction symbolique ait pris une telle place au 20e siècle. Certaines pensées, en effet, auraient permis d'apporter quelques éléments critiques tout à fait pertinents pour contester la puissance d'abstraction de notre croyance en la rationalité. Sans doute existe-t-il chez Marx, par exemple, des perspectives fécondes de ce point de vue-là. En dénonçant le capitalisme et sa capacité à s'entretenir lui-même à travers une idéologie purement représentative, détachée de toute autre référence qu'elle-même, Marx rappelait l'importance de l'altérité en politique. Sa critique du capitalisme montrait la nécessité d'un retour vers le réel, ce qui supposait un questionnement sur la nature des résistances aux constructions rationnelles de la conscience. Sa théorie nous invitait à retrouver l'horizon de l'expérience réelle, où ne sont pas seulement en jeu des idées ou des concepts mais des êtres vivants, de chair et d'os. Les relations entre les hommes ne pouvaient plus être expliquées ni comprises grâce à des valeurs transcendantes et abstraites. Certes, on est loin, chez Marx, d'une théorie du symbolisme charnel au sens de Merleau-Ponty. Mais il y avait dans le projet marxien quelques sources d'inspiration pour revenir à une philosophie concrète. À sa manière, Marx rétablissait l'importance du corps dans la genèse de toute élaboration symbolique, que celle-ci conduise à une certaine vision du travail, de l'économie, de la société ou de la politique.

Pourtant, l'ouverture marxienne n'a pas été véritablement poursuivie. Certes, sa critique de la représentation a suscité quelques suites, mais comme si elle avait été prise à l'envers : au lieu de priver la représentation de son pouvoir d'abstraction, les approches inspirées de Marx en ont au contraire augmenter la puissance. Guy Debord critique ainsi le tournant « spectaculaire » de la société mais accorde du même coup une très grande force à l'idéologie de la représentation. Donnant du réel une image inversée, où la conscience devient cause alors qu'elle n'est que produit, la société du spectacle incarne un univers où le réel s'estompe au profit des images et de la fonction symbolique. Bien qu'il se démarque de tout jugement de valeur, Jean Baudrillard s'inscrit en partie dans cet héritage de pensée. Notre monde serait devenu un spectacle permanent, occultant le réel pour le remplacer par des leurres ou des signes sans référents. Il parle ainsi d'une « disparition du réel ». Que faut-il entendre par là ?

Dans *Pour une critique de l'économie politique du signe*, Baudrillard réinterprète le concept marxien d'idéologie et montre à partir de là comment le monde moderne occulte le réel en le masquant derrière un langage sans référent. Dans l'idéologie, l'illusion consiste à croire qu'une raison formelle est à l'origine des distinctions matérielles. De la même manière, dans la métaphysique du langage, on croit que le signe vient donner un sens à un référent réel et que ce référent n'est même réel qu'en raison de l'existence de ce signe. Se produit ainsi, selon Baudrillard, un renversement identique à celui de l'idéologie: alors que ce sont en réalité les rapports matériels entre les hommes qui confèrent *a posteriori* un sens et un contenu aux valeurs de la conscience, c'est bien le réel qui attribue au signe sa signification et non l'inverse. L'idéologie maintient un rapport de pouvoir et s'entretient elle-même en niant la réalité matérielle, mais en faisant croire qu'elle la prend en compte. Pour Baudrillard, le signe fonctionne de la même manière. Il fait croire que son sens dépend d'un référent réel alors qu'il est purement auto-référentiel. Le réel est ainsi contourné. Il «disparaît» derrière la puissance symbolique. Dans un entretien avec Lucas Degryse, Baudrillard revient sur ce qu'il appelle la «simulation» dans nos sociétés contemporaines:

> Je pense qu'il y a des objets et qu'il y a des signes. Et au début il y a un système de représentation de l'objet par le signe. Puis, à un moment donné, il y a une prédominance du signe qui, de plus en plus, élimine la référence objet. Et là on entre dans une phase de la simulation qui suppose la disparition du référent. Le signe fonctionne alors *pour lui-même*. C'est là que le Structuralisme entrait en jeu: les signes finissent par ne plus fonctionner qu'en fonction les uns des autres, à l'exclusion du réel. Mais il me semble qu'on est maintenant au-delà de ce stade. J'ai tellement été confondu avec toute cette problématique de la simulation que je ne sais plus bien quoi en faire, si ce n'est en disant que je n'en parle plus. On a beaucoup dit que le signe tue le réel. Pour simplifier, j'ai aussi parlé du meurtre du réel, du fait que le réel est perdu au profit du signe, des images, bref tout le domaine de la simulation.[11]

Le signe et l'image auraient ainsi la capacité de «tuer» le réel, de l'occulter tout au moins. Cette théorie prête un très grand pouvoir à la fonction symbolique. N'y a-t-il pas ici un parti pris très fort sur notre capacité à dominer un réel qui est pourtant censé s'imposer à nous ? L'illusion d'une maîtrise du réel par les formations abstraites de la conscience n'est-elle pas encore présente ? Baudrillard semble le penser mais tout en admettant que sa théorie présente aussi quelques difficultés. Il avoue dans la

11 DEGRYSE, Lucas, «Entretien avec Jean Baudrillard», *Le philosophoire*, 2003/1, n° 19, p. 5-21.

citation précédente avoir été confondu par certaines critiques qui lui ont été faites, au point de ne plus vouloir parler de ses propres théories. Faut-il donc souscrire à l'idée d'une disparition du réel aujourd'hui ?

En premier lieu, essayons de comprendre ce que Baudrillard appelle « disparition du réel ». Dans *Pour une critique de l'économie politique du signe*, le réel est associé au référent objectif du signe. La disparition progressive du rôle joué par le référent dans l'émergence de la signification aurait provoqué un contournement du réel par la fonction symbolique, celle-ci devenant alors auto-référentielle. Mais la disparition du réel comme référent marquerait en fait surtout la disparition d'un « principe », appelé simplement par Baudrillard « principe de réalité ». Ce dernier s'associe pour lui aux concepts d'« essence » ou de « transcendance », comme il le rappelle dans son entretien avec Lucas Degryse.

> C'est là qu'intervient la disparition. En fait, cela renvoyait pour moi au problème très général de la réalité, attendu que la réalité n'est rien d'autre qu'un principe. Le « Principe de réalité », la réalité objective et le processus de reconnaissance qu'elle appelle, disparaissent en quelque sorte, pour des tas de raisons. A ce moment précis, la réalité délivrée de son principe devient, dans un développement exponentiel, intégrale. On a alors à faire à une réalité où tout est opérationnalisé, ou plus rien ne reste « hors champ ». Si tout se réalise ou s'accomplit, c'est d'abord sur la base de la disparition de « l'essence », de la « transcendance » ou du « principe » de la réalité. Cette base spectrale nous mène, d'une certaine façon, au virtuel, et à tous ces mondes où règne la virtualité.

Transcendance et essence : deux concepts qui maintenaient, corrélativement au référent, l'existence d'un au-delà de l'expérience subjective individuelle, c'est-à-dire un donné absolu. À partir du moment où la transcendance disparaît, la réalité devient intégrale, autrement dit tout est réel au même titre, les différences ontologiques s'amenuisent au point que le réel et l'imaginaire finissent par fusionner pour créer un monde de virtualité. Dans le même entretien, le principe de réalité est en outre défini comme un principe objectif et rationnel. « Aujourd'hui, nous jouons avec la disparition dans un monde qui, désormais, effectivement n'est plus réel au sens traditionnel du terme, un monde qui n'a plus d'objectivité, qui n'a plus de certitude, de véritable principe de rationalité. » On peut donc affirmer que le réel dont Baudrillard évoque la disparition est un réel défini par le champ conceptuel du réalisme. Il s'agit d'un donné constituant la référence du signe et garantissant la possibilité de l'objectivité et de la rationalité. La perspective critique de Baudrillard s'inscrit entièrement dans le cadre conceptuel fixé par l'ontologie du donné.

Dès lors, ne risque-t-on pas de revenir à une pensée abstraite, où la fonction symbolique devient un assemblage technique de concepts et où l'expérience elle-même se voit peu à peu perdue ? Suivre ce questionnement nous conduit à étudier plus particulièrement un des exemples concrets auquel Baudrillard a appliqué sa théorie de la disparition du réel : les attentats du 11 septembre 2001. Selon lui, la puissance et l'effet de dévastation des attentats sont dus à leur dimension essentiellement symbolique. Revenons sur sa tribune du *Monde* publiée le 2 novembre 2001. Baudrillard cherche en particulier à expliquer l'effet de violence suscité par la chute des tours du World Trade Center. Ce n'est pas la première fois que les médias se font le relais d'un événement mondial catastrophique ; pourquoi celui-ci a-t-il pris une dimension particulière ? Une fois écartées les hypothèses idéologiques un peu simplistes, Baudrillard se livre dans un premier temps à une analyse psychologique de l'événement. Devant le déferlement des discours moralisateurs sur les attentats, il montre d'abord comment ces derniers témoignent en réalité d'un phénomène de déculpabilisation. « Tous les discours et les commentaires trahissent une gigantesque abréaction à l'événement même et à la fascination qu'il exerce », écrit-il. La vision de l'événement aurait stimulé l'imaginaire destructeur propre à chacun d'entre nous et révélé le désir inconscient de voir s'écrouler la superpuissance américaine. Ce désir inconscient ne serait aucunement le résultat d'une forme d'anti-américanisme mais l'expression de la nature humaine : « L'allergie à tout ordre définitif, à toute puissance définitive est heureusement universelle », affirme-t-il. Peu importerait l'opposition des idéologies ; tout établissement d'un certain ordre symbolique susciterait à la fois les principes de son ordre et ceux de sa destruction. « C'est très logiquement, et inexorablement, que la montée en puissance de la puissance exacerbe la volonté de la détruire. Et elle est complice de sa propre destruction ». Et en parlant des terroristes, Baudrillard ajoute encore : « A la limite, c'est eux qui l'ont fait, mais c'est nous qui l'avons voulu ».

Selon lui, comprendre ce mécanisme d'autodestruction d'un système symbolique est essentiel pour saisir l'effet de violence propre aux attentats.

> Cette violence terroriste n'est pas « réelle ». Elle est pire, dans un sens : elle est symbolique. La violence en soi peut être parfaitement banale et inoffensive. Seule la violence symbolique est génératrice de singularité.

La violence de l'expérience s'expliquerait justement par sa dimension symbolique et non par son rapport au réel. De quelle fonction symbolique parle ici Baudrillard ? Il s'agit apparemment d'une structure signifiante, indépendante de toute forme d'idéologie ou de coloration politique, et où chaque élément ne trouve sa singularité que dans son opposition avec un autre. La violence des attentats serait due à l'intrusion d'une singularité absolue dans le système d'oppositions et d'échanges propre à la mondialisation. Le terroriste, en jouant sa propre mort, en étant ainsi en dehors du système occidental du «zéro mort», créerait une singularité insaisissable. Très logiquement, le système de la mondialisation aurait aussi donné naissance aux forces capables de le détruire. Tout cela témoigne d'une «mondialisation triomphante aux prises avec elle-même», écrit Baudrillard. On retrouve ici l'aspect auto-référentiel de la fonction symbolique. La violence de l'événement se comprendrait relativement au système symbolique dans lequel elle s'inscrit et auquel elle ne cesserait de revenir: celui de l'ordre instauré par la mondialisation.

Ainsi le 11-Septembre n'aurait-il pas vraiment de sens pour Baudrillard. Le réel qui aurait pu lui conférer une certaine signification est contourné. Toutefois, en quoi l'analyse structurale de l'événement peut-elle rendre compte de sa violence ? Selon ses propres termes, Baudrillard situe son étude par-delà le bien et le mal et cherche à comprendre le rapport de forces en jeu dans les attentats; ce indépendamment du contexte idéologique. L'intérêt de cette analyse est qu'elle peut s'appliquer à différents événements et permettre de découvrir des formes d'invariants dans les rapports entre les hommes et les civilisations. Dans un système symbolique auto-référentiel, autrement dit dans un fonctionnement structural formel, un élément peut prendre la place d'un autre sans changer le sens même de la structure. La signification ne dépend pas de la singularité de l'élément pris dans la structure mais de la place qu'il y occupe. C'est d'ailleurs pourquoi Baudrillard dit que si l'Islam dominait le monde, il y aurait un terrorisme contre l'Islam. L'important n'est pas la nature de l'idéologie mais la place qu'elle occupe dans le système symbolique d'ensemble.

Cela dit, l'enjeu initial de l'article de Baudrillard consistait aussi à comprendre la violence des attentats dans sa singularité. Or l'analyse structurale est-elle vraiment efficace de ce point de vue-là ? L'analyse de Baudrillard permet de montrer que dans tout ordre symbolique instauré l'opposition et la violence sont inévitables. Mais il ne dit pas quelle violence. Dire qu'il y aura dans tous les cas une forme de violence ne signifie pas pour autant que cette violence sera la même. Nous ne parlons évidemment pas du degré de la violence en question. Loin de nous l'idée d'effectuer des comparaisons ou de juger de la légitimité d'un rapport de forces. Pas plus que Baudrillard nous ne souhaitons ici entrer dans des interrogations morales. Mais comment parler de l'expérience de la violence si l'on en nie d'emblée la singularité ? Comment la compréhension de la violence pourrait-elle faire abstraction de la singularité des circonstances où elle s'exprime ? Est-il vraiment possible d'abolir toute contingence, toute singularité historique, culturelle et idéologique dans la compréhension de la violence des attentats ? Non pas pour donner raison à l'une ou l'autre des parties, mais pour comprendre et décrire la nature de la violence expérimentée. S'il s'agit bien d'expliquer en partie un affect, nous sommes contraints de parler d'une violence réelle. La singularité de l'événement échappe à l'analyse structurale et symbolique.

Prendre en compte cet aspect symboliquement insaisissable est tout le sens de la nouvelle approche de l'expérience proposée par Merleau-Ponty. Faute d'une réflexion sur l'ancrage de la fonction symbolique dans l'expérience et le corps, Baudrillard livre une analyse intéressante des attentats mais pas sur l'objet qu'elle s'était fixée. S'il s'agit d'expliquer des formes d'opposition symboliques qui peuvent conduire à des rapports de forces et de puissances, alors l'analyse de Baudrillard est passionnante. Mais s'il s'agit d'expliquer la particularité de la violence des attentats du 11-Septembre, alors l'analyse manque son but. On peut expliquer le concept de la violence par l'analyse de Baudrillard ; mais pas l'expérience de la violence.

On retrouve ici les failles du discours conceptuel que la pensée de Merleau-Ponty a permis de mettre en évidence. S'il est théoriquement séduisant de comprendre l'idée de la violence, quel intérêt ce concept peut-il avoir si ce dernier ne permet pas d'exprimer quelque chose de la violence expérimentée ? Là est le sens de la réintroduction du réel dans la philosophie. Une philosophie concrète est pour Merleau-Ponty une philosophie qui cherche bien à dépasser la subjectivité immédiate de l'expérience grâce à une approche structurale, mais celle-ci n'est pas désolidarisée des phénomènes réels et imaginaires dont elle dépend. La recherche de la structure d'une expérience ne permet pas seulement d'expliquer un phénomène. Elle montre aussi, par contraste, ce qui lui échappe irrémédiablement et rétablit la contingence de l'histoire. Il nous semble donc difficile de dire, avec Baudrillard, que le réel a disparu et que la violence des attentats est purement symbolique. Que nous ne puissions exprimer cette violence que de manière symbolique ne lui enlève pas pour autant son lien avec le réel. Ici, la violence se révèle justement dans la difficulté de l'expression, dans l'échec qu'elle impose à la fonction symbolique et dans l'unité imaginaire qu'elle brise. C'est pourquoi, dans une certaine mesure, l'analyse proposée par Derrida sur les attentats nous semble plus pertinente:

> Ce qui a été touché, blessé, traumatisé par ce double crash, est-ce seulement ceci ou cela, quoi ou qui, des buildings, des structures urbaines et stratégiques, des symboles de la puissance politique, militaire et capitalistique, un nombre considérable de personnes de toutes origines vivant sur le corps d'un territoire national depuis longtemps intouché? Non, ce n'est pas seulement tout cela, c'est peut-être surtout, à travers eux, l'appareil conceptuel, sémantique, herméneutique, si vous voulez, qui aurait pu permettre de voir venir, de comprendre, d'interpréter de décrire, de parler, de nommer le 11 septembre.[12]

Nous partageons cette analyse, mais sous certaines conditions. Derrida a sans doute raison d'insister sur le manque symbolique qui surgit dans l'expérience des attentats, manque symbolique caractéristique d'une expérience où le réel surgit, inattendu et inexprimable. Mais quand cet appareil conceptuel, sémantique et herméneutique se détruit, ce n'est pas seulement une fonction symbolique abstraite qui disparaît, mais un symbolisme charnel, concret, autrement dit une possibilité de structure de notre expérience, une identité, une certaine image de soi, une certaine compréhension de son corps et une manière de le vivre, un imaginaire d'action et de comportement; bref c'est tout un style d'être qui se trouve ébranlé. Un style qui touche autant au corps qu'à la conscience. Ce moment de fêlure dans le style est justement l'instant 0 dont nous avons parlé à travers Merleau-Ponty, ce moment de l'expérience où le symbolisme charnel touche une frontière de lui-même, où le corps et la conscience vacillent indépendamment de leur spontanéité et de leur volonté. La violence du choc ressenti ne peut pas se décrire indépendamment de la singularité du symbolisme, elle ne peut se comprendre que relativement à lui, à ses particularités, à l'imaginaire qui lui est lié et aux circonstances dans lesquelles il s'inscrit. Derrida parle ainsi de l'introduction dans l'imaginaire occidental de l'image du pire, montrant par là une déstabilisation du narcissisme propre à l'Occident. L'acte terroriste glisse dans l'optimisme inhérent au style occidental, l'idée d'une menace constante, celle de la suspicion, il modifie le rapport à autrui, engage des croyances nouvelles et révèle des pulsions auparavant contrôlées ou refoulées. L'échec d'un espoir

12 Derrida, Jacques, «Auto-immunités, suicides réels et symboliques. Un dialogue avec Jacques Derrida», in Borradori, Giovanna, *Le «concept» du 11 septembre. Dialogues à New York*, Paris, Gallilée, 2004, p. 142.

imaginaire d'unité, le manque symbolique: il y a là les traces d'une expérience du réel; une expérience qui prend ici l'allure de la violence, parce qu'elle semble clore toute possibilité immédiate d'expression. L'idée d'une disparition du réel ne nous semble donc pas pertinente pour comprendre l'expérience de la violence. Sans doute peut-on voir ici l'une des failles des approches structuralistes «classiques». Si l'on explique tout par la place qu'occupe un élément dans un ensemble, alors la singularité de l'expérience individuelle est d'emblée mise de côté. La philosophie concrète de Merleau-Ponty nous paraît plus adaptée pour aborder les conflits historiques de l'homme, parce qu'elle ne met pas hors jeu la particularité des circonstances et la singularité des subjectivités.

Cependant, pour véritablement mettre à l'épreuve la philosophie concrète de Merleau-Ponty, il convient de revenir sur une affirmation déjà évoquée du philosophe français. Lorsque celui-ci dénonce les obstacles les plus forts à l'élaboration d'une philosophie concrète, il cite souvent en exemple le positivisme logique anglo-saxon et la philosophie analytique[13]. Cette tradition philosophique resterait étrangère aux principes nouveaux qu'il tente d'apporter et même étrangère au réel en tant que tel. La célèbre controverse de Merleau-Ponty et de Ryle au colloque de Royaumont montre à quel point le fossé philosophique persiste. Les questions de Merleau-Ponty à Ryle au sujet de sa conférence ne trouvent pas vraiment d'écho. Malgré les efforts du philosophe français pour essayer de définir une perspective commune dans leur pensée, la réponse un peu sèche et hors de propos de son collègue anglais montre à quel point l'incompréhension est grande[14]. Essayons toutefois de dépasser le vieux débat historique entre philosophie analytique et continentale pour rester sur celui de la question philosophique du réel. Il est vrai qu'une grande partie de la tradition analytique repose sur des présupposés réalistes; peut-être peut-elle en ce sens entrer dans le champ de la critique merleau-pontienne sur la conception du réel comme donné. Cela dit, la philosophie analytique se définit-elle de manière suffisamment unitaire pour que l'on puisse identifier chez elle un même présupposé sur le réel et l'inclure dans une critique aussi globale que celle de Merleau-Ponty?

La plupart des commentateurs et historiens de la philosophie analytique s'accordent sur la très grande difficulté d'une définition unitaire de

13 Merleau-Ponty, *Signes*, *op. cit.*, p. 198.

14 *Cahiers de Royaumont, La philosophie analytique*, Paris, Minuit, 1962.

cette pensée. Même si Hans-Johann Glock, dans son analyse historique du mouvement analytique, écrit que «la philosophie analytique est une tradition historique qui trouve sa consistance, d'une part, dans des liens d'influence et, d'autre part, dans des airs de famille»[15], son livre témoigne surtout de l'impossibilité de réunir tous les penseurs analytiques au sein d'une même catégorisation. Les hypothèses relatives à une origine commune dans le rejet de l'idéalisme allemand, à une unité géographique ou à une unité de principes trouvent toutes une contestation possible. Certes, on connaît l'importance que revêt l'examen du langage dans cette tradition et peut-être pourrait-on voir ici une sorte d'unité dans l'objet d'étude. Pourtant, au début de son livre *Analyse de l'être*, Denis Zaslawsky montre que, même si la pensée analytique s'est d'abord intéressée au langage et aux sciences, elle s'applique désormais à des domaines extrêmement divers. Le langage conserve un rôle fondamental mais il n'est plus nécessairement l'objet premier de la recherche. La philosophie analytique n'a donc pas d'ennemi commun, d'objet d'étude, d'histoire, d'auteur ou de principe qui pourraient en incarner l'unité.

Il semble que l'«air de famille» de ce mouvement ne soit constitué que par la croyance très générale en la valeur de l'analyse. Y aurait-il ici un point commun de méthode? Toujours avec beaucoup de prudence, Zaslawsky avance quelques traits généraux concernant la méthode de l'analyse:

- Celle-ci ne porterait pas sur les choses mais sur les notions de ces choses, ou plus généralement, et mieux, sur ce que l'homme pense des choses.
- Pour accéder à ce que l'homme pense des choses, il faut examiner ce qu'il en dit, ou ce qu'en dit le langage.[16]

Les théories dites «analytiques» accorderaient toutes une attention particulière au langage, non pas au sens où il constituerait l'objet premier de l'analyse philosophique, mais au sens où, méthodologiquement, son analyse permettrait un accès sûr au réel recherché. Ce rôle central accordé au langage a parfois conduit la philosophie continentale à une critique un peu rapide envers la philosophie analytique: celle-ci ne risque-t-elle pas de s'enfermer peu à peu dans le langage et d'oublier le réel? Bien que

15 Glock, Hans-Johann, *Qu'est-ce que la philosophie analytique?*, trad. de Frédéric Nef, Paris, Gallimard, 2011, p. 433.

16 Zaslawsky, Denis, *Analyse de l'être*, Paris, Minuit, 1982, p. 19-20.

cette critique ne soit pas dénuée de toute pertinence, sa formulation assez radicale n'a pas permis d'en comprendre la portée. Dès lors, les réponses apportées sont souvent assez radicales elles aussi et ne permettent pas d'interroger, de manière problématique, les présupposés de la pensée analytique. Ainsi Zaslawsky répond-il simplement que «sur le plan systématique, il faudrait développer l'idée que le recours méthodologique au langage n'enferme nullement le philosophe dans le langage, mais lui ménage simplement une voie d'accès commode, et surtout efficace, à la réalité elle-même.» Bref, le débat ne progresse pas vraiment et l'on reste dans l'incompréhension. D'un côté on souligne la possibilité d'un risque sans vraiment le justifier et de l'autre on se contente de rassurer en disant que ce risque n'existe pas. Dans ce duel d'opinions, pas de possibilité d'avancée.

A quel niveau se situe donc la critique et est-elle pertinente ? La réponse de Zaslawsky peut nous permettre de situer plus précisément l'aspect problématique du statut du langage et de préciser le point de discussion. Cette réponse conserve en effet une certaine ambiguïté. Car voir dans le langage un mode privilégié d'accès au réel peut se comprendre, mais tout dépend de ce qu'on entend par là. Dans la conception analytique, le langage conserve-t-il sa fonction symbolique, autrement dit son espoir de toucher à travers l'expression un réel qui est autre que lui (là est le propre du symbole: ouvrir à ce qui n'est pas lui) ? Ou bien devient-il, une fois «purifié» par l'analyse, une incarnation ou une manifestation du réel, de telle sorte que la différence de ce dernier avec la fonction symbolique disparaisse ? Il y a là un problème de fond qui témoigne d'un présupposé problématique de la philosophie analytique.

Le privilège du langage dans la pensée analytique tient en réalité à une croyance plus profonde que la seule fascination pour la rigueur de l'analyse propositionnelle: la foi en la valeur de la logique. Dans son article de l'encyclopédie consacré à la philosophie analytique, Zaslawsky le remarque en ces termes: «La philosophie analytique met sûrement la logique au commencement de la philosophie.» Il serait assez aisé d'illustrer cette affirmation. Souvenons-nous de Wittgenstein et de la tâche unique qu'il donnait à la philosophie: celle de la «clarification logique de la pensée». Souvenons-nous également de cette phrase de Ryle prononcée à Royaumont: «Les grandes lignes de notre pensée philosophique au cours de ce siècle ne peuvent être pleinement comprises que par celui qui a étudié les progrès monumentaux de notre logique. Ce progrès est en partie responsable du large gouffre qui sépare en ce siècle la philosophie anglo-saxonne de la philosophie continentale.»[17] Même si cette logique n'est pas identique chez tous les penseurs analytiques, même si elle peut être formelle ou informelle, on retrouve un attachement identique à la dimension logique des propositions.

Pourquoi la logique est-elle le fondement de la valeur de l'analyse ? Sandra Lapointe souligne que de très nombreux auteurs analytiques relient l'analyse à l'importance de la logique[18] dans la mesure où celle-ci constitue le fondement de la vérité et du sens d'une proposition. C'est en vertu d'une certaine forme logique que l'on peut dire d'une proposition qu'elle est vraie ou fausse. Mais sur cette conception de la vérité se pose alors un problème qui est précisément celui que Merleau-Ponty avait tenté d'exposer à Ryle au colloque de Royaumont. Merleau-Ponty lui demandait en effet de confirmer une distinction évoquée durant sa conférence entre analyse de fait et analyse conceptuelle. La réponse de Ryle, qui consiste à dire que sa philosophie ne concerne pas les faits, montre qu'il ne comprend pas l'enjeu de la question posée. Une fois que l'on a dit qu'une proposition est vraie, cette vérité est-elle seulement interne au langage, ou bien dit-elle quelque chose de notre expérience du réel. Merleau-Ponty demandait à Ryle s'il effectuait, grâce à la logique, un passage entre le domaine symbolique des propositions et celui du réel. En un mot, l'enjeu de la question de Merleau-Ponty était le suivant: pensez-vous que le réel est logique en lui-même ? Si la philosophie analytique ne veut pas succomber à la critique d'une philosophie enfermée dans la technicité du langage alors elle doit interroger le lien entre sa théorie de la vérité et le réel. La logique est-elle un outil de connaissance qui maintient la différence de nature entre une construction symbolique (dont dépend la logique) et le réel ? Ou bien la différence entre le symbolique et le réel se résout-elle dans la logique parce que le réel est logique en son fond ?

Ce questionnement constitue le point de basculement des théories analytiques sur le réel. Wittgenstein, déjà, s'y était arrêté. Sa première théorie de la signification repose sur l'idée qu'une proposition élémentaire «montre» son sens et ne le dit pas, précisément parce que celle-ci incarne, dans sa composition, la structure même du réel. La forme logique de la proposition est la forme logique du monde. Mais on sait qu'il renoncera ensuite à ces premières approches en raison même du préjugé sur la nature logique du réel. On constate donc que la croyance

17 *Cahiers de Royaumont, La philosophie analytique, op. cit.*, p. 68.
18 LAPOINTE, Sandra, *Qu'est-ce que l'analyse ?*, Paris, Vrin, 2008, p. 15.

en la valeur de la logique pousse parfois le rôle du langage assez loin : d'une simple « voie d'accès au réel », il devient parfois, dans sa structure, le réel même. De ce point de vue-là, nous semble-t-il, la méthode analytique peut devenir problématique.

Un tel glissement sur le rôle dévolu au langage est sensible chez un penseur qui s'est particulièrement intéressé à la notion de réel en philosophie : John Langshaw Austin. Son approche ne suit pas le principe de la logique mathématique dans l'analyse ; pour lui, il s'agit plutôt de montrer que la grammaire et la précision conceptuelle du langage ordinaire sont déjà des indices de vérité fiables. Le consensus établi sur un certain usage des expressions de la langue courante, « ce qu'on dit quand », permettrait, à lui seul, de dissiper un certain nombre d'illusions. Il écrit ainsi :

> Quand nous examinons ce que nous dirions quand, quels mots employer dans quelles situations, encore une fois, nous ne regardons pas seulement les mots (ou les « significations » quelles qu'elles soient »), mais également les réalités dont nous parlons avec les mots.[19]

La grammaire et la logique de l'usage seraient déjà des « marques » du réel en tant que tel. Reste à comprendre la manière dont on définit les marques en question. S'agit-il de signes d'un réel différent de la fonction symbolique du langage ou d'une manifestation du réel comme tel ? Quelle est la conception du réel chez Austin ?

Juste après la mort de Merleau-Ponty, Austin publie un petit livre sous le titre *Sense and sensibilia*, aujourd'hui traduit en français sous le titre *Le langage de la perception*[20]. Dans ce livre, Austin consacre un chapitre au signifiant « réel » et aux conséquences que son emploi inapproprié peut avoir dans le discours philosophique. Dans une argumentation parfois extrêmement proche de certains passages de Merleau-Ponty, Austin montre comment la prise en compte de ce signifiant, notamment de l'« usage » que nous en faisons, devrait conduire à considérer le discours philosophique et les problèmes qu'il pose d'une manière nouvelle. À plusieurs reprises, la tentation est donc assez grande de rapprocher le penseur français et l'auteur anglais. Et pourtant, rarement deux philosophies ont pu être aussi proches en apparence et aussi opposées dans les faits. En

19 Austin, John Langshaw, « A Plea for Excuses », dans *Philosophical Papers*, Oxford, Oxford University Press, 1962, p. 182 ; trad. de Lou Aubert et Anne-Lise Hacker, *Écrits Philosophiques*, Paris, Seuil, 1994, p. 144.

20 Austin, John Langshaw, *Le langage de la perception*, trad. de Paul Gauchet, chap. VII, Paris, Vrin, 2007.

raison du présupposé analytique de l'adéquation entre la logique et le réel, présupposé qui prend chez Austin une valeur radicale comme nous le verrons, l'argumentation se développe parfois de manière parallèle chez les deux auteurs et dans des perspectives totalement divergentes cependant.

Attentif au «langage ordinaire», Austin entend montrer que plusieurs débats philosophiques reposent sur un manque d'analyse de l'«usage». Plus précis et plus pertinent qu'on ne le croit, le langage ordinaire posséderait déjà un certain nombre de distinctions que le discours philosophique ferait mine d'oublier pour poser des problèmes inutiles. Comprendre ce qu'est l'expérience du réel supposerait simplement d'interroger l'emploi du mot «réel» dans la langue quotidienne. Austin identifie alors trois usages fondamentaux du terme «réel». Le premier consiste le plus souvent à exclure un champ qualitatif de la signification. Par exemple, un canard «réel» est un canard qui n'est ni un leurre, ni un canard en peluche, ni un canard en bois, ni l'image virtuelle d'un canard etc. «Réel» est un mot qui ne possède pas de signification positive mais dont la fonction consiste à exclure l'ensemble des manières pour l'objet de n'être pas réel. Le mot réel aurait également des valeurs «dimensionnelle» et «d'ajustement». L'aspect dimensionnel permet d'accorder à l'objet qualifié une certaine valeur. Dire qu'une pièce de théâtre doit être jouée par des comédiens «réels» signifie qu'on ne peut confier sa réalisation à des comédiens amateurs par exemple. Le terme devient dans ce cas-là synonyme de «professionnels». La valeur d'ajustement permet quant à elle d'adapter certains vocables du langage courant à des situations vécues inédites. Cet animal étrange ressemble à un sanglier mais n'est pas un «sanglier réel». Le mot «réel» marque ici une comparaison implicite avec un animal déjà connu et permet une caractérisation partielle de l'animal actuellement perçu. Il serait un terme frontière, n'ayant pas de signification fixe, mais seulement une fonction d'exclusion d'un champ de sens. Le problème est alors de savoir si cette fonction logique d'exclusion dans le langage est la manifestation d'une distinction propre au réel?

Austin n'est pas vraiment explicite sur ce point. On pourrait d'ailleurs lui reprocher de ne s'intéresser qu'à l'usage prédicatif du signifiant et de ne jamais parler *du* réel. Mais d'une certaine manière, l'absence du substantif est plutôt cohérente: la question de l'existence ou de la nature *du* réel est un faux problème pour Austin. Les débats sur la possibilité du réalisme constitueraient la première illusion dont il faudrait sortir. Il n'y a pas d'un côté ce qui est réel et de l'autre ce qui ne l'est pas de manière absolue. Tout dépend du contexte d'emploi du terme et, comme l'écrit Austin, de «*ce* par rapport à quoi le problème se pose». Avant de poser l'existence d'un donné mystérieux et absolu, d'élaborer des théories complexes où notre expérience est séparée du réel par des dimensions intermédiaires comme les *sense-data*, bref avant d'affirmer que nous confondons le réel avec autre chose que lui-même, analysons d'abord avec honnêteté notre manière d'exprimer ce que nous vivons. L'auteur anglais veut montrer que les multiples situations de la vie nous ont conduit à distinguer par des termes précis les différentes dimensions du réel. Il suffirait alors de revenir à ces distinctions pour sortir d'interrogations philosophiques inutiles.

Certes, reconnaît Austin, nous pouvons avoir des expériences de tromperie ou d'illusion. Mais cela ne signifie pas que nous ne disposons pas des critères suffisants pour distinguer le réel de l'imaginaire. C'est ce dont témoignerait à nouveau l'usage. Si nous disposons, par exemple, de l'expression «caractère onirique», c'est que nous avons un jour fait l'expérience de ce caractère et qu'il se distinguait intrinsèquement d'une expérience réelle. On peut alors faire mine d'oublier l'évidence de la distinction pour essayer de la retrouver ou au contraire de la perdre définitivement dans des constructions abstraites et inutiles; mais on ne fera que créer un problème toujours déjà résolu. Non que l'expérience soit absolument fiable. Mais généraliser le doute à toute expérience est impossible. Cela reviendrait à nier l'existence même de la distinction réel/onirique dans le langage; ce qui est contredit par l'usage que nous en faisons. Aux yeux d'Austin l'existence de la distinction du réel et de l'imaginaire dans le langage est la preuve que l'expérience possède en elle-même les moyens de ne plus être trompée par une confusion entre les deux dimensions. Le problème du réel serait donc un faux problème car sa solution ne pourra au mieux que consister à revenir à la distinction première que l'usage fait. L'analyse du mot «réel» en fonction de l'«usage» renvoie *essentiellement* la distinction du réel et de l'imaginaire à une différence logique de signification.

Il devient clair que la différence logique effectuée par l'usage constitue aussi une différence ontologique. Le pas semble donc bien accompli: la différence de signification est une différence propre au réel. Dans leur introduction au *Langage de la perception*, Bruno Ambroise et Sandra Laugier parlent ainsi d'une «vulnérabilité du réel aux différences tracées par nos usages»[21]. L'argumentation du philosophe anglais consiste à rappeler ces distinctions pour montrer que nos interrogations sur le réel se fondent le plus souvent sur l'oubli ou la négation d'une distinction propre au langage

21 *Ibid*, p. 54.

ordinaire. Par exemple, un rêve n'est pas un cas particulier d'illusion, mais justement, *un rêve* insiste Austin. L'italique du mot dans le texte veut montrer que l'emploi de deux termes distincts, rêve et illusion, marque deux dimensions ontologiques différentes et qu'il n'y a pas de raison de confondre l'une et l'autre. De la même manière, quand je dis qu'un bâton plongé dans l'eau *semble* rompu, je ne dis pas qu'il *l'est*. La semblance n'est pas l'être, la ressemblance n'est pas l'identité, l'apparence n'est pas l'être, le réel n'est pas l'imaginaire, etc. Le lien du langage avec le réel n'aurait donc rien de mystérieux puisque toute énigme, toute différence, toute interrogation viendrait de lui et ne renverrait qu'à lui. L'usage aurait ainsi la capacité de façonner le réel. On retrouve ici la dimension performative du langage, théorisée ailleurs par Austin.

Cette vision du rapport entre le langage et le réel pose néanmoins quelques difficultés que l'on peut décrire grâce à la pensée de Merleau-Ponty. Le philosophe français partage l'idée d'Austin selon laquelle on ne peut pas remonter au-delà de l'expérience. À première vue, les deux auteurs semblent même partager un argument identique. Ils s'accordent sur le fait que la distinction du réel et de l'imaginaire ne peut avoir de sens que relativement à une expérience certaine et évidente du réel. On ne peut parler d'illusion que par rapport à «un fond de non-tromperie générale» (Austin) ou à un «savoir primordial du réel» (Merleau-Ponty). On retrouve ici l'argument de l'évidence que nous avons décrit précédemment. Mais la similitude s'arrête ici, car les concepts d'«expression» et d'«usage» marquent une relation très différente entre l'expérience du réel et nos constructions symboliques.

Même s'il a évolué dans sa théorie de l'expression, Merleau-Ponty a toujours considéré que celle-ci ne pouvait traduire ou incarner l'expérience qu'à travers une forme d'écart. L'adéquation parfaite de la fonction symbolique avec le vécu corporel, autrement dit un symbolisme charnel accompli ou achevé est impossible. Tout au contraire, le symbolisme charnel montre que persiste une sorte d'inachèvement dans la réversibilité, un écart essentiel à l'existence même de l'expérience et que Merleau-Ponty appelait le point zéro. Sans cet écart, la possibilité même de l'expérience du réel disparaît. La théorie austinienne de l'usage est très différente. Le présupposé de l'adéquation du réel et du langage le conduit à admettre d'emblée la pertinence des mots employés pour désigner la nature ontologique d'une expérience. Comme l'écrivait Merleau-Ponty un peu plus haut, il n'y a donc pas de place pour l'ambiguïté dans cette philosophie. Si l'on dit par exemple que telle perception est un mirage, alors on définit par là une certaine dimension du réel; le mot mirage ne recèle aucune question, il n'est pas lié à un doute que je peux avoir sur la fiabilité de mes sens, ni sur ma capacité de jugement. Aucune raison, donc, de me demander si je me trompe ou si je suis lucide, j'ai simplement affaire à une dimension particulière de la réalité. Le mirage est un mirage; mon expérience s'arrête là. Au fond, la pensée d'Austin consiste à reconduire toute expression à un principe d'identité parfait.

Mais si tel est bien le cas, si le langage ne dit finalement que ce qui est, sans distance et sans faille, s'il ne dit rien de l'individu parlant, s'il ne révèle rien de singulier à l'expérience, comment l'expression est-elle possible ? Parménide n'affirmait-il pas déjà que toute parole exige de trahir l'identité parfaite de l'être ? S'il ne s'agit de dire que ce qui est, alors notre expérience peut se contenter du silence et de la contemplation. Mais si l'on fait le choix de l'expression et de la parole, alors il faut introduire dans l'être ce qui n'est pas lui, autrement dit un non-être, un devenir, une faille, des manques. La notion merleau-pontienne d'expression nous semble donc plus rigoureuse que celle d'usage. La différence entre les deux auteurs est à la fois technique et éthique. On retrouve ici le problème de la valeur de l'étonnement propre à la philosophie concrète. Si l'on admet d'emblée que le langage dit le réel sans distance, qu'il ne renvoie qu'à lui-même, qu'il ne désigne rien d'autre que ce qu'il dit explicitement, bref si tout est univoque en lui, alors on peut s'attarder sur les règles de sa construction logique, mais toute possibilité d'étonnement est d'avance abolie. Austin semble d'ailleurs le confesser dans une phrase un peu énigmatique. Il décrit son projet de se débarrasser des illusions qui encombrent la philosophie comme une «tâche qui, dans un sens, nous laissera à notre point de départ»[22]. Exprimer l'expérience et s'interroger sur la distinction du réel et de l'imaginaire ne reviendraient au fond qu'à répéter le savoir d'une évidence connue, évidence à laquelle nous ne cesserions de revenir quels que soient les chemins du discours que nous empruntons. Mais alors, pourrions-nous demander à Austin, pourquoi même interroger l'usage de ces évidences ? Quel but et quelle fin peuvent bien avoir ses différentes approches du langage ordinaire ? Il s'agit au fond, écrit-il, d'avoir une «technique pour résoudre les perplexités philosophiques» et «apprendre quelque chose sur la signification de certains mots». Mais le débat est alors biaisé: car la perplexité philosophique naît justement de notre interrogation sur la capacité du langage à atteindre le

22 *Ibid.*, p. 81.

réel. Si l'on ne pose pas cette question, parce qu'on admet de façon immédiate la nature logique du réel, alors effectivement la perplexité disparaît. D'une certaine manière, l'approche d'Austin semble irréfutable ; et elle l'est probablement. L'expérience du réel se traduisant le plus souvent sous la forme d'une évidence vécue dont la signification imprègne le langage courant, on peut effectivement décider de ne pas interroger cette évidence mais seulement l'usage que l'on en fait. Mais il ne s'agit, au fond, que de savoir si l'on veut cultiver l'étonnement, bref de savoir si l'on souhaite ou non entrer dans la démarche de la philosophie.

Conclusion

La philosophie de Merleau-Ponty ouvre une voie nouvelle sur la question du réel. Ce dernier ne peut plus être compris comme un donné ontologique à partir duquel la conscience élabore différents systèmes d'interprétation du monde et de l'homme. Le réel est une dimension de l'expérience, une forme de contingence qui ne surgit qu'en elle et par elle. L'impression d'évidence qu'il suscite correspond à la prise de conscience de la vacuité d'une forme imaginaire avec laquelle nous avons vécu jusque-là et qui tombe, soudain, face à une évidence nouvelle. On ne saurait donc conceptualiser le réel, autrement dit l'encercler dans nos constructions subjectives. Celles-ci, en effet, ne toucheront au réel qu'à l'instant où elles deviendront obsolètes, c'est-à-dire au moment où sera révélé le préjugé imaginaire qui les fonde. Plus que toute autre philosophie, celle de Merleau-Ponty se confronte au réel, à la structure énigmatique de son expérience, sans nier ce qui en fait sa caractéristique même, à savoir sa résistance.

L'introduction du signifiant «réel» dans le discours philosophique ne peut pas rester sans effet sur ce dernier. Le style même de la philosophie est ici en question. C'est pourquoi Merleau-Ponty ne prend pas seulement acte de la résistance du réel au concept, mais en tire les conséquences immédiates sur le discours philosophique. Considérer que l'on peut se contenter de définir le réel comme un donné pour que cette résistance soit prise en compte est illusoire; car le donné ne sera alors qu'un prétexte pour projeter en lui la définition d'un concept mystérieux, censé tout expliquer, et que l'on perpétuera comme une évidence dogmatique.

Accepter la résistance du réel revient à modifier le sens même de la recherche philosophique. Les idéaux de vérité ou la recherche du concept ne sont pas détruits mais subordonnés à l'exigence d'une pertinence par rapport à l'expérience du réel. La philosophie ne définit plus un domaine pour le résumer à un savoir, mais pour dévoiler ce qui lui échappe ; elle ne cherche plus la nécessité pour tenter de la contrôler ou de la comprendre, mais pour voir ce qui reste de contingence en elle ; elle ne veut plus le concept pour cerner le sens mais pour déceler en lui l'évidence implicite et la métaphore impensée ; non plus saisir, donc, mais ouvrir. La pensée de Merleau-Ponty cherche un style de philosophie qui inspire plutôt qu'il ne transmet.

Nous voudrions suivre cette ouverture de Merleau-Ponty afin de conclure. Que représentent aujourd'hui, pour nous, le monde platonicien des idées, la substance spinoziste, la monade leibnizienne, l'atomisme logique de Russell, la conscience comme table rase de Locke, l'essence de Husserl et même, peut-être, la chair de Merleau-Ponty ? Peut-on encore raisonner à partir de ces concepts comme s'ils avaient la capacité d'expliquer le réel ? Il ne s'agit pas de détruire ces concepts mais de changer notre attitude par rapport à eux. Le système de Leibniz, par exemple, nous propose une explication fascinante du réel. On peut expliquer à travers lui la perception, l'expression, le désir et l'inquiétude, la connaissance et l'ignorance. La physique des forces qu'il a apportée contre le cartésianisme fonde encore un grand nombre de recherches scientifiques. Mais l'ensemble du système leibnizien présuppose aussi l'acceptation de l'existence fondamentale de la « monade », concept représentant une substance métaphysique dont on a bien du mal à comprendre à quoi elle peut correspondre. L'acceptation de ce système présuppose aussi la croyance en un Dieu calculateur qui articule les possibilités du monde en fonction d'une harmonie préétablie. Si nous acceptons aujourd'hui ces concepts, qui reflètent ce qu'il faut bien appeler la part imaginaire de la philosophie de Leibniz, nous restons alors dans l'histoire de la philosophie et non dans la philosophie même. C'est pourquoi nous avons rappelé dans les pages précédentes le discours inaugural de Merleau-Ponty au Collège de France. L'auteur de la *Phénoménologie de la perception* nous invitait à ne pas défendre une tradition philosophique contre une autre, ni un concept au détriment d'un autre. Il rappelait également que l'essentiel n'est pas dans le système mais dans ce qu'il exprime et ce qu'il cache. Ainsi, l'harmonie préétablie n'est plus intéressante en tant que concept opératoire pour expliquer l'expérience du réel. Nos systèmes ontologiques contemporains en ont dévoilé la dimension imaginaire. Il faut davantage comprendre pourquoi Leibniz en avait besoin pour maintenir la cohérence de son système. Ce n'est pas dans leur définition explicite que les concepts leibniziens touchent éventuellement au réel, mais plutôt dans les manques dont ils témoignent. Sans l'harmonie préétablie, le monde perd son orientation vers le bien, autrement dit perd la finalité ultime qui lui donne sens et unité. Sans harmonie préétablie, tout se disloque, tous les possibles peuvent s'associer entre eux, tous les mondes ont une égale valeur et tous sont donc susceptibles d'exister. La réalité telle que nous la connaissons disparaît dans la multiplicité infinie des facettes qu'elle est susceptible de prendre. Sans l'harmonie préétablie, c'est tout l'être qui se brise, c'est toute une ontologie qui disparaît, c'est le réel qui surgit. Une philosophie concrète ne cherche pas le réel dans une définition de l'être, mais dans le point d'achoppement de cette définition.

Nous rejoignons par là le nouveau rapport à l'ontologie dont nous avons parlé. Comme l'écrit Merleau-Ponty, une ontologie vaut davantage par ce qu'elle nie que par ce qu'elle affirme. À cet égard, nous pensons que l'ontologie de Merleau-Ponty ne fait pas exception. Comme toute philosophie, celle de Merleau-Ponty aborde le réel à travers des soubassements imaginaires qui ont pour rôle de maintenir la cohérence générale de la pensée. En ce sens, nous pensons que la notion de chair, que Merleau-Ponty a valorisée, ne doit pas devenir une nouvelle idole. La chair marque l'importance de la structure réversible du corps dans l'expérience et redonne ainsi à celui-ci un statut que les ontologies classiques ont trop négligé. Mais elle suppose aussi l'existence d'un être à plusieurs feuillets, celle d'un tissu unique de différences, autant de définitions métaphoriques qui témoignent simplement de la nécessité de poser une unité imaginaire à partir de laquelle l'expérience du réel peut être pensée. Mais la différence de Merleau-Ponty consiste toutefois à ne pas confondre cette unité avec le réel même. L'inachèvement de la réversibilité empêche l'unité et marque ainsi la résistance du réel à nos constructions subjectives. Il y a donc un mouvement double et simultané de la pensée de Merleau-Ponty: l'auteur français crée une ontologie et nous donne en même temps les moyens de la critiquer. La chair tente d'expliquer le réel mais ce dernier lui résiste inévitablement. La réversibilité est donc bien la vérité ultime.

Toutefois, si toute approche du réel a son envers imaginaire, si l'on ne peut évoquer le réel sans créer une ontologie au moins implicite qui sera un jour démentie, alors le travail que nous présentons ici repose aussi sur une part imaginaire. Nous avons beaucoup insisté sur le structuralisme de Merleau-Ponty et sur l'importance de la notion de réversibilité. Il est clair que nous avons porté l'accent sur cette notion et qu'elle revêt pour nous une valeur particulière. On peut donc s'interroger. N'y a-t-il pas en l'occurrence une sorte de réification de la réversibilité ou une ontologie de la structure ? Accentuer la valeur de la réversibilité implique de croire en l'existence d'une structure ayant un mouvement spontané lié au corps ; une structure qui incarne donc bien, dans une certaine mesure un « donné ». La préséance que nous lui avons accordée dans ce travail doit donc être discutée et ouvrir de nouvelles questions. Pourquoi, par exemple, nous paraît-il nécessaire de conserver un mouvement primordial dans la réversibilité, un mouvement de tension que son inachèvement perpétue, pour pouvoir penser l'expérience du réel ? Il y a sans doute dans la réversibilité une notion en partie imaginaire qui constitue la limite de notre point de vue. Mais il faut bien une perspective ; sans elle, sans imaginaire, c'est aussi le réel que nous perdons. La philosophie concrète que nous avons essayé de mettre en place pour définir l'expérience du réel doit, à nouveau, susciter l'étonnement.

Bibliographie

Ouvrages sur Merleau-Ponty

ALLOA, Emmanuel, *La résistance du sensible, Merleau-Ponty critique de la transparence*, Paris, Kimé, 2008.

BARBARAS, Renaud, *De l'être du phénomène, sur l'ontologie de Merleau-Ponty*, Grenoble, Millon, 1991.

— *La perception, Essai sur le sensible*, Paris, Hatier, 1994.

— *Merleau-Ponty*, Paris, Ellipses, 1997.

— *Le tournant de l'expérience, recherches sur la philosophie de Merleau-Ponty*, Paris, Vrin, 1998.

BIMBENET, Etienne, *Nature et Humanité, le problème anthropologique dans l'œuvre de Merleau-Ponty*, Paris, Vrin, 2004.

CARBONE, Mauro, *La visibilité de l'invisible*, Hildescheim, Georg Olms, 2001.

— *Proust et les idées sensibles*, Paris, Vrin, 2008.

GARELLI, Jacques, *De l'entité à l'évènement, la phénoménologie à l'épreuve de la science et de l'art contemporains*, Paris-Milan, Mimesis, 2004.

GERAETS, Théodore. F., *Vers une nouvelle philosophie transcendantale*, La Haye, Martinus Nijhoff, 1971.

LEFEUVRE, Michel, *Merleau-Ponty au-delà de la phénoménologie*, Paris, Klincksieck, 1976.

LEFORT, Claude, *Sur une colonne absente, écrits autour de Merleau-Ponty*, Paris, Gallimard, 1978.

ROBERT, Franck, *Phénoménologie et ontologie. Merleau-Ponty lecteur de Husserl et Heidegger*, Paris, L'Harmattan, 2005.

(de) SAINT AUBERT, Emmanuel, *Du lien des êtres aux éléments de l'être*, Paris, Vrin, 2004.

— *Le scénario cartésien, recherches sur la formation et la cohérence de l'intention philosophique de Merleau-Ponty*, Paris, Vrin, 2005.

— *Vers une ontologie indirecte, sources et enjeux critiques de l'appel à l'ontologie chez Merleau-Ponty*, Paris, Vrin, 2006.

SLATMAN, Jenny, *L'expression au-delà de la représentation. Sur l'aisthesis et l'esthétique chez Merleau-Ponty*, Louvain-Paris, Peeters-Vrin, 2003.

VANZAGO, Luca, *Modi del tempo. Simultaneità, processualità, relazionalità tra Whitehead e Merleau-Ponty*, Milan, Mimesis, 2001.

(de) WAELHENS, Alphonse, *Une philosophie de l'ambiguïté. L'existentialisme de Merleau-Ponty*, Louvain, Publications Universitaires de Louvain, 1951.

Articles sur Merleau-Ponty

ALQUIE, Ferdinand, «Une philosophie de l'ambiguïté. L'existentialisme de Merleau-Ponty», *Fontaine*, n° 59, 1947, p. 47-70.

ANGELINO, Lucia, «Note sul dialogo tra Merleau-Ponty e Melanie Klein», *Chiasmi international 6, Merleau-Ponty entre esthétique et psychanalyse*, Paris-Milan-Memphis, Vrin-Mimesis-University of Memphis, 2005, p. 369-371.

— «L'*a priori* du corps chez Merleau-Ponty», *Revue internationale de philosophie*, n° 244, 2008, p. 167.

BARBARAS, Renaud, «Motricité et phénoménalité chez le dernier Merleau-Ponty» in RICHIR, Marc et TASSIN, Etienne (éds), *Merleau-Ponty. Phénoménologie et expériences*, Grenoble, Millon, 1992, p. 27-42.

— «De la parole à l'Etre. Le problème de l'expression comme voie d'accès à l'ontologie» in HEIDSIECK, François (éd.), *Merleau-Ponty. Le philosophe et son langage*, Paris, Vrin, 1993, p. 61-81.

— «Conscient et inconscient» in KAMBOUCHNER, Denis, *Notions de philosophie, I*, Paris, Gallimard, 1995.

— «Le dédoublement de l'origine» in MERLEAU-PONTY, Maurice, *Notes de cours sur* L'origine de la géométrie *de Husserl. Suivi de Recherches sur la phénoménologie de Merleau-Ponty*, Paris, PUF, 1998, p. 289-303.

— «Merleau-Ponty aux limites de la phénoménologie», *Chiasmi international 1, Merleau-Ponty, l'héritage contemporain*, Paris-Milan-Memphis, Vrin-Mimesis-University of Memphis, 1999, p. 199-212.

— «The ambiguity of the Flesh», *Chiasmi international 4, Figures et fonds de la chair*, Paris-Milan-Memphis, Vrin-Mimesis-University of Memphis, 2002, p. 19-27.

BELOT, David, « L'illusion historique. Autour des *Aventures de la dialectique* » *Chiasmi international 4, Figures et fonds de la chair*, Paris-Milan-Memphis, Vrin-Mimesis-University of Memphis, 2002, p. 281-311.

— « Dialectique, ontologie et histoire dans les notes préparatoires aux cours sur *La philosophie de la dialectique* (1956) », *Revue internationale de philosophie*, n° 244, 2008, p. 189.

BENOIST, Jocelyn, « la réalité objective ou le nombre du réel » in FICHANT, Michel et MARION, Jean-Luc, *Descartes en Kant*, Paris, PUF, 2006, p. 179-196.

BERNET, Rudolf, « Le phénomène du regard chez Merleau-Ponty et Lacan », *Chiasmi international 1, Merleau-Ponty, l'héritage contemporain*, Paris-Milan-Memphis, Vrin-Mimesis-University of Memphis, 1999, p. 105-120.

BIMBENET, Etienne, « "Voir c'est toujours voir plus qu'on ne voit". Merleau-Ponty la texture onirique du sensible », *Studia phaenomenologica*, 3-4, 2003, p. 41-73.

— « "Les pensées barbares du premier âge". Merleau-Ponty et la psychologie de l'enfant » *Chiasmi international 4, Figure et fond de la chair*, Paris-Milan-Memphis, Vrin-Mimesis-University of Memphis, 2002, p. 65-87.

— « Merleau-Ponty au seuil des sciences humaines », *Chiasmi international 9, Architecture et autres institutions de la vie*, Paris-Milan-Memphis, Vrin-Mimesis-University of Memphis, 2007, p. 31-47.

BOCCALI, Renato, « Merleau-Ponty e l'intra-ontologia della scienza contemporanea », *Chiasmi international 9, Architecture et autres institutions de la vie*, Paris-Milan-Memphis, Vrin-Mimesis-University of Memphis, 2007, p. 47-65.

CARBONE, Mauro, « La dicibilité du monde. La période intermédiaire de la pensée de Merleau-Ponty à partir de Saussure » in HEIDSIECK, François (éd.), *Merleau-Ponty. Le philosophe et son langage*, Paris, Vrin, 1993, p. 83-99.

— « Le sensible et l'excédent. Merleau-Ponty et Kant » in MERLEAU-PONTY, Maurice, *Notes de cours sur* L'origine de la géométrie *de Husserl. Suivi de Recherches sur la phénoménologie de Merleau-Ponty*, Paris, PUF, 1998, p. 163-191.

— « "Personne n'a été plus loin que Proust". Le dernier Merleau-Ponty dans le miroir de la recherche » *Etudes Phénoménologiques*, t. XVI, n° 31-32, 2000, p. 35-66.

— « Flesh: Towards the history of a Misunderstanding », *Chiasmi international 4, Figures et fonds de la chair*, Paris-Milan-Memphis, Vrin-Mimesis-University of Memphis, 2002, p. 49-65.

— « La mondialisation de la chair et ses implications politiques », in BONAN, Ronald (éd.), *Merleau-Ponty, De la perception à l'action*, Aix-en-Provence, Publication de l'Université de Provence, 2005, p. 29-49.

CASSOU-NOGUES, Pierre, « Le problème des mathématiques dans la philosophie de Merleau-Ponty », in MERLEAU-PONTY, Maurice, *Notes de cours sur* L'origine de la géométrie *de Husserl. Suivi de Recherches sur la phénoménologie de Merleau-Ponty*, Paris, PUF, 1998, p. 369-404.

CIARAMELLI, Fabio, « Note sul desiderio e il suo limite tra Merleau-Ponty e Levinas », *Chiasmi international 3, Non-philosophie et Philosophie*, Paris-Milan-Memphis, Vrin-Mimesis-University of Memphis, 2001, p. 243-261.

COLONNA, Fabrice, « Merleau-Ponty penseur de l'imaginaire », *Chiasmi international 5, Le réel et l'imaginaire*, Paris-Milan-Memphis, Vrin-Mimesis-University of Memphis, 2005, p. 111-149.

— « Merleau-Ponty et la simultanéité », *Chiasmi international 4, Figures et fonds de la chair*, Paris-Milan-Memphis, Vrin-Mimesis-University of Memphis, 2002, p. 211-239.

DASTUR, Françoise, « Le corps de la parole », in MERLEAU-PONTY, Maurice, *Notes de cours sur* L'origine de la géométrie *de Husserl. Suivi de Recherches sur la phénoménologie de Merleau-Ponty*, Paris, PUF, 1998, p. 349-368.

DE WALTON, Graciela Ralòn, « Symbolic matrices and the institution of meaning », *Chiasmi international 4, Figures et fonds de la chair*, Paris-Milan-Memphis, Vrin-Mimesis-University of Memphis, 2002, p. 113-131.

DUFOURCQ, Annabelle, « Institution et imaginaire. La réflexion merleau-pontienne sur les illusions amoureuses », *Chiasmi international 6, Merleau-Ponty entre esthétique et psychanalyse*, Paris-Milan-Memphis, Vrin-Mimesis-University of Memphis, 2005, p. 303-345.

DUPOND, Pascal, « Descartes et le labyrinthe de notre ontologie », *Revue internationale de philosophie*, n° 244, 2008, p. 207.

DUPORTAIL, Guy Félix, « Le chiasme d'une amitié, Lacan et Merleau-Ponty », *Chiasmi international 6, Merleau-Ponty entre esthétique et psychanalyse*, Paris-Milan-Memphis, Vrin-Mimesis-University of Memphis, 2005, p. 345-369.

GAMBAZZI, Paolo, « L'œil et son inconscient. Monde, sujet et pensée chez le dernier Merleau-Ponty », *Chiasmi international 2, De la Nature à l'Ontologie*, Paris-Milan-Memphis, Vrin-Mimesis-University of Memphis, 2000, p. 471-487.

GARELLI, Jacques, « Voir ceci et voir selon » in RICHIR, Marc et TASSIN, Etienne (éds), *Merleau-Ponty. Phénoménologie et expériences*, Grenoble, Millon, 1992, p. 79-99.

— « L'héritage husserlien et l'expérience merleau-pontienne du commencement », in Merleau-Ponty, Maurice, *Notes de cours sur* L'origine de la géométrie *de Husserl. Suivi de Recherches sur la phénoménologie de Merleau-Ponty*, Paris, PUF, 1998, p. 95-122.

— « La remise en cause de l'inconscient freudien par Merleau-Ponty et Simondon, selon deux notes inédites de Merleau-Ponty », *Chiasmi international 7, Vie et individuation*, Paris-Milan-Memphis, Vrin-Mimesis-University of Memphis, 2005, p. 75-93.

Haar, Michel, « Proximité et distance vis-à-vis de Heidegger chez le dernier Merleau-Ponty » in Merleau-Ponty, Maurice, *Notes de cours sur* L'origine de la géométrie *de Husserl. Suivi de Recherches sur la phénoménologie de Merleau-Ponty*, Paris, PUF, 1998, p. 123-145.

Hirose, Koji, « L'institution de l'œuvre chez Merleau-Ponty » in Heidsieck, François (éd.), *Merleau-Ponty. Le philosophe et son langage*, Paris, Vrin, 1993, p. 153-167.

Invitto, Giovanni, « Merleau-Ponty et Machiavel » in Heidsieck, François (éd.), *Merleau-Ponty. Le philosophe et son langage*, Paris, Vrin, 1993, p. 169-181.

Johnson, Galen A., « Alterity as reversibility », in Johnson, Galen A. et Smith, Michael B. (éds), *Ontology and alterity in Merleau-Ponty*, Evaston, Northwester university Press, 1990, p. XVII-XXXIV.

Kristensen, Stefan, « Le mouvement de la création. Merleau-Ponty et le corps de l'artiste », *Alter*, n° 16, 2008.

Lacan, Jacques, « Maurice Merleau-Ponty », *Les Temps Modernes*, n° 184-185, 1961, p. 245-254.

Lawlor, Leonard, « The chiasm and the fold. An introduction to the philosophical concept of archaeology », *Chiasmi international 4, Figures et fonds de la chair*, Paris-Milan-Memphis, Vrin-Mimesis-University of Memphis, 2002, p. 105-119.

Masuda, Kasuo, « La dette symbolique de la *Phénoménologie de la perception* » in Heidsieck, François (éd.), *Merleau-Ponty. Le philosophe et son langage*, Paris, Vrin, 1993, p. 225-243.

Noble, Stephen A., « De la conscience et du comportement à la conscience perceptive. Critiques et enjeux d'une pensée en devenir. Inédits de et sur Merleau-Ponty, 1940-1945 », *Revue internationale de philosophie*, n° 244, 2008, p. 127.

Pinotti, Andrea, « Il toccabile e l'intoccabile. Merleau-Ponty e Bernard Berenson », *Chiasmi international 3, Non-philosophie et philosophie*, Paris-Milan-Memphis, Vrin-Mimesis-University of Memphis, 2001.

Pontalis, Jean-Bertrand, «Notes sur le problème de l'inconscient chez Merleau-Ponty», *Les Temps Modernes*, n° 184-185, 1961, p. 287-303.

Renault, Alexandra, «Phénoménologie de la l'imaginaire et imaginaire de la phénoménologie. Merleau-Ponty lecteur de Sartre et Freud» Dans *Chiasmi international* 5, *Le réel et l'imaginaire*, Paris-Milan-Memphis, Vrin-Mimesis-University of Memphis, 2003, p. 149-179.

Richir, Marc, «Communauté, société et Histoire chez le dernier Merleau-Ponty», in Richir, Marc et Tassin, Etienne (éds), *Merleau-Ponty. Phénoménologie et expériences*, Grenoble, Millon, 1992, p. 7-25.

— «Essences et intuition des essences chez le dernier Merleau-Ponty» Dans *Phénomènes, temps, êtres. Ontologie et phénoménologie*, Grenoble, Millon, 1987.

Robert, Franck, «Ecriture et Vérité», *Revue internationale de philosophie*, n° 244, 2008, p. 149.

Rodrigo, Pierre, «Merleau-Ponty et la psychanalyse. L'inconscient comme grandeur négative», *Chiasmi international* 4, *Figures et fonds de la chair*, Paris-Milan-Memphis, Vrin-Mimesis-University of Memphis, 2002, p. 27-49.

Sartre, Jean-Paul, «Merleau-Ponty vivant», *Les Temps Modernes*, n° 184-185, 1961, p. 304-376.

Schües, Christina, «Heidegger and Merleau-Ponty: Being-in-the-world with others» in Macann, Christopher (éd.), *Martin Heidegger, Critical Assessments*, vol. II, *History of philosophy*, Londres-New York, Routledge, 1992, p. 345-372.

Taminiaux, Jacques, «La sexualité, c'est notre être tout entier: la sexualité selon Merleau-Ponty» in Dr Willy, A. et Jamont, C. (éds), *La sexualité*, Gerard & Co. (Séries Marabout Université), 1964, p. 334-344.

— «Phenomenology in Merleau-Ponty's late work» in Embree, Lester E. (éd.), *Lifeworld and Consciousness. Essays for Aron Gurwitsch*, Evanston, Northwestern University Press, 1972, p. 307-322.

— «Merleau-Ponty. De la dialectique a l'hyperdialectique», *Tijdschrift voor Filosofie*, 40, 1978.

— «A phenomenological look at chinese painting», *Etudes phénoménologiques*, n° 22, Ousia, Bruxelles, 1995, p. 81-95.

Thierry, Yves, «L'institution et l'évènement selon Merleau-Ponty» in Bonan, Ronald (éd.), *Merleau-Ponty, De la perception à l'action*, Aix-en-Provence, Publication de l'Université de Provence, 2005, p. 139-150.

Vanzago, Luca, «Relationism and the Question of the Irrelative in Merleau-Ponty's Ontology of the Flesh», *Chiasmi international* 5, *Le réel et l'imaginaire*, Paris-Milan-Memphis, Vrin-Mimesis-University of Memphis, 2005, p. 65-87.

Autres ouvrages cités ou consultés

Alain, *Système des beaux-arts*, Paris, Gallimard, 1926.

Antoine, Jean-Philippe, *Six rhapsodies froides sur le lieu, l'image et le souvenir*, Paris, Desclée de Brouwer, 2002.

Austin, John Langshaw, *Le langage de la perception*, Paris, Vrin, 2007.

Barbaras, Renaud, *Le désir et la distance. Introduction à une phénoménologie de la perception*, Paris, Vrin, 1999.

— *Introduction à la philosophie de Husserl*, Chatou, La Transparence, 2004.

— *Introduction à une phénoménologie de la vie*, Paris, Vrin, 2008.

Bergson, Henri, *Essai sur les données immédiates de la conscience*, Paris, PUF, 1927.

— *Les deux sources de la morale et de la religion*, Paris, PUF, 1932.

— *La pensée et le mouvant*, Paris, PUF, 1938.

— *Matière et mémoire*, Paris, PUF, 1939.

— *L'évolution créatrice*, Paris, PUF, 1941.

Breton, André, *Manifeste du surréalisme*, Paris, Gallimard, 1963.

Cassirer, Ernst, *La philosophie des formes symboliques*, Paris, Minuit, 1972.

Claudel, Paul, *Art Poétique*, Paris, Mercure de France, 1907.

Deleuze, Gilles, *Proust et les signes*, Paris, PUF, 2003.

Derrida, Jacques, « Auto-immunités, suicides réels et symboliques. Un dialogue avec Jacques Derrida », in Borradori, Giovanna, *Le « concept » du 11 septembre. Dialogues à New York*, Paris, Galilée, 2004.

Descartes, *Œuvres et Lettres*, Paris, Gallimard, 1953.

Foucault, Michel, *L'archéologie du savoir*, Paris, Gallimard, 1969.

— *Surveiller et Punir*, Paris, Gallimard, 1975.

— *Les mots et les choses*, Paris, Gallimard, 1988.

Freud, Sigmund, *La science des rêves*, Paris, PUF, 1950.

— *Métapsychologie*, Paris, Gallimard, 1952.

— *Cinq psychanalyses*, Paris, PUF, 1954.

— *Le mot d'esprit et sa relation à l'inconscient*, Paris, Gallimard, 1988.

— *La psychopathologie de la vie quotidienne. Sur l'oubli, le lapsus, le geste manqué, la superstition et l'erreur*, Paris, Gallimard, 1997.

Gesell, Arnold, *L'embryologie du comportement*, Paris, PUF, 1953.

Glock, Hans-Johann, *Qu'est-ce que la philosophie analytique ?*, Paris, Gallimard, 2011.

GOLDSTEIN, Kurt, *La structure de l'organisme*, Paris, Gallimard, 1951.
GUENANCIA, Pierre, *Lire Descartes*, Paris, Gallimard, 2000.
GUEROULT, Martial, *Descartes selon l'ordre des raisons. L'âme et Dieu*, vol. I, Paris, Aubier, 1968.
HEIDEGGER, Martin, *Être et Temps*, Paris, Gallimard, 1986.
HENRY, Michel, *L'essence de la manifestation*, 2 vol., Paris, PUF, 1963.
— *Philosophie et phénoménologie du corps*, Paris, PUF, 1965.
— *Généalogie de la psychanalyse*, Paris, PUF, 1985.
HUSSERL, Edmund, *Idées directrices pour une phénoménologie*, Paris, Gallimard, 1950.
— *L'idée de la phénoménologie*, Paris, PUF, 1970.
— *Leçon pour une phénoménologie de la conscience intime du temps*, Paris, PUF, 1964.
— *La crise des sciences européennes et la phénoménologie transcendantale*, Paris, Gallimard, 1976
— *Méditations Cartésiennes*, Paris, PUF, 1994.
— *L'origine de la géométrie*, Paris, PUF, 1962.
HYPPOLITE, Jean, *Figures de la pensée philosophique*, Paris, PUF, 1971.
JANICAUD, Dominique, *La phénoménologie éclatée*, Paris, L'Eclat, 1998.
— *Le tournant théologique de la phénoménologie française*, Paris, L'Eclat, 2001.
JURANVILLE, Alain, *Lacan et la philosophie*, Paris, PUF, 1984.
KANT, Immanuel, *Œuvres philosophiques*, 3 tomes, Paris, Gallimard, 1980, 1984, 1986.
LACAN, Jacques, *Ecrits*, Paris, Seuil, 1966.
— *Le séminaire I, Les écrits techniques de Freud*, Paris, Seuil, 1975.
— *Le séminaire II, Le moi dans la théorie de Freud et dans la technique de la psychanalyse*, Paris, Seuil, 1978.
— *Le séminaire III, Les Psychoses*, Paris, Seuil, 1981.
— *Le séminaire IV, La relation d'objet*, Paris, Seuil, 1994.
— *Le séminaire V, Les formations de l'inconscient*, Paris, Seuil, 1998.
— *Le séminaire VIII, Le transfert*, Paris, Seuil, 1991.
— *Le séminaire X, L'angoisse*, Paris, Seuil, 2004.
— *Le séminaire XI, Les quatre concepts fondamentaux de la psychanalyse*, Paris, Seuil, 1973.
— *Autres Ecrits*, Paris, Seuil, 2001.
LAPOINTE, Sandra, *Qu'est-ce que l'analyse ?*, Paris, Vrin, 2008.
LAVIGNE, Jean-François, *Husserl et la naissance de la phénoménologie*, Paris, PUF, 2005.

Levinas, Emmanuel, *Théorie de l'intuition dans la phénoménologie de Husserl*, Paris, Vrin, 1994.
Levi-Strauss, Claude, *Anthropologie structurale*, Paris, Plon, 1958.
— *Les structures élémentaires de la parenté*, Paris-La Haye, Mouton & co, 1967.
Lorenz, Konrad, *Essais sur le comportement animal et humain*, Paris, Seuil, 1970.
Machiavel, *Le prince*, Paris, PUF, 2000.
Malraux, *Psychologie de l'art, Le musée imaginaire*, Genève, Skira, 1947.
Marion, Jean-Luc, *Questions cartésiennes II*, Paris, PUF, 1996.
Patocka, Jan, *Introduction à la phénoménologie de Husserl*, Grenoble, Millon, 1992.
Philonenko, Alexis, *L'école de Marburg*, Paris, Vrin, 1989.
Proust, Marcel, *À l'ombre des jeunes filles en fleurs*, t. II, Paris, Gallimard, 1988.
Richir, Marc, *Phénomènes, temps, êtres. Ontologie et phénoménologie*, Grenoble, Millon, 1987.
— *Phénoménologie en esquisses*, Grenoble, Millon, 2000.
Ricoeur, Paul, *Histoire et Vérité*, Paris, Seuil, 1955.
— *La métaphore vive*, Paris, Seuil, 1975.
— *Soi-même comme un autre*, Paris, Seuil, 1990.
— *A l'école de la phénoménologie*, Paris, Vrin, 2004.
Rimbaud, *Œuvres complètes*, Paris, Gallimard, 1983.
Rosset, Clément, *L'école du réel*, Paris, Minuit, 2008.
— *Le réel. Traité de l'idiotie*, Paris, Minuit, 1977.
Sartre, Jean Paul, *L'imagination*, Paris, PUF, 1965
— *L'imaginaire*, Paris, Gallimard, 1940.
— *L'être et le néant. Essai d'ontologie phénoménologique*, Paris, Gallimard, 1976.
— *La transcendance de l'ego*, Paris, Vrin, 1988.
(de) Saussure, Ferdinand, *Cours de linguistique générale*, Paris, Payot, 1995.
Schilder, Paul, *L'image du corps*, Paris, Gallimard, 1968.
Tassin, Etienne, *Le trésor perdu. Hannah Arendt, l'intelligence de l'action politique*, Paris, Payot & Rivages, 1999.
Wahl, Jean, *Vers le concret*, Paris, Vrin, 2004.
Weber, Max, *Le savant et le politique*, Paris, Union générale d'éditions, 1963.
Zaslawsky, Denis, *Analyse de l'être*, Paris, Minuit, 1982.

Table des matières

Achevé d'imprimer en Italie sur les presses de La Grafica Faggian S.r.l
Padoue (VN), mars 2014